高校学生管理工作创新研究

李 玲 著

吉林人民出版社

图书在版编目（CIP）数据

高校学生管理工作创新研究 / 李玲著 . -- 长春：吉林人民出版社 , 2019.12
ISBN 978-7-206-16809-3

Ⅰ . ①高… Ⅱ . ①李… Ⅲ . ①高等学校 – 学生 – 学校管理 – 研究 – 中国 Ⅳ . ① G645.5

中国版本图书馆 CIP 数据核字 (2020) 第 008891 号

高校学生管理工作创新研究
GAOXIAO XUESHENG GUANLI GONGZUO CHUANGXIN YANJIU

著　者：李　玲	
责任编辑：刘　学	封面设计：黄伟娟

吉林人民出版社出版 发行（长春市人民大街 7548 号　邮政编号：130022）

印　　刷：朗翔印刷（天津）有限公司	
开　　本：787mm×1092mm	1/16
印　　张：11.5	字　　数：179 千字
标准书号：ISBN 978-7-206-16809-3	
版　　次：2020 年 4 月第 1 版	印　　次：2022 年 8 月第 2 次印刷
定　　价：40.00 元	

如发现印装质量问题，影响阅读，请与印刷厂联系调换。

目录 CONTENTS

第一章 绪 论 ·· 001

　　第一节 高校学生管理的概念 ·· 001

　　第二节 高校学生管理的对象与任务 ··· 003

　　第三节 高校学生管理的指导思想与基本原则 ··· 006

　　第四节 高校学生管理的特征与作用 ··· 016

第二章 高校学生管理机构与队伍建设 ··· 020

　　第一节 高校学生管理机构的设置 ··· 020

　　第二节 高校学生管理工作队伍的建设 ··· 028

　　第三节 高校学生管理工作者的素质研究 ·· 037

第三章 高校学生管理工作的基础性探究 ·· 045

　　第一节 高校学生组织与干部管理 ··· 045

　　第二节 高校学生制度与体制管理 ··· 057

　　第三节 高校学生自我管理与民主管理 ··· 072

第四章 高校学生的系统化管理与创新研究 ·· 089

　　第一节 高校学生社区化管理与实践研究 ·· 089

　　第二节 高校学生社会实践化的管理与创新 ··· 102

　　第三节 高校学生管理工作的信息化建设研究 ·· 116

第五章　高校学生管理手段与法治化管理路径 ·················· 119
　　第一节　高校学生的思想政治教育管理研究 ························ 119
　　第二节　高校学生管理工作中的奖惩手段与创新 ···················· 128
　　第三节　高校学生的法治化管理路径 ······························ 150

第六章　高校学生管理工作的创新性探索 ···························· 167
　　第一节　高校学生管理模式的创新研究 ···························· 167
　　第二节　互联网+背景下高校学生管理工作的问题与创新 ············ 170

参考文献 ·· 176

第一章 绪 论

高校是培养社会主义事业接班人的重要基地和摇篮,必须始终坚持社会主义办学方向,把德育放在首位,为我国社会主义现代化建设培养出好人才。本章重点探讨高校学生管理的概念、高校学生管理的对象与任务、高校学生管理的指导思想与基本原则以及高校学生管理的特征与作用。

第一节 高校学生管理的概念

高校学生管理是高等学校领导和管理人员为了实现高等学校学生的培养目标,按照国家的教育方针和各项政策法令,科学地有计划地对学校内部的人、财、物、时间、信息等进行组织、指挥、协调并对其进行预测、计划、实施、反馈、监督等的一门管理科学。①

高校学生管理作为学校管理的重要组成部分,具有十分广泛而深刻的内涵。首先,它要研究管理对象(即青年大学生)的生理、心理特征,知识、能力结构,兴趣爱好及社会氛围对他们的影响,掌握他们的思想变化及教育管理的规律。其次,它要研究管理者本身(即学生工作专职人员)必备的思想、文化、

---

① 李正军.高校学生管理工作概论[M].保定:河北大学出版社,2002.

理论及业务素质，以及这些素质的培养和管理队伍的建设。最后，它还要研究学生管理的机制和一般管理的原则、方法，以及学生在学习、生活、课外活动、思想教育中的具体管理目标、原则、政策、法规等。

高校学生管理是一项教育工作，它具有教育科学所包含的规律，它也是一项具体的管理工作，具有管理科学所包含的规律。大学生管理是高等教育学和管理学交叉结合产生的一门综合性应用学科，它同所有的管理科学一样，研究的主题是效率，当然具体研究的课题是大学生管理的效率——最有效地达到大学生的培养目标。中国大学生管理，就是要寻求按照党和国家的教育方针，实现培养德、智、体诸方面发展的专门人才的最佳方案，最佳计划、决策，最佳管理体制、组织机构，最佳操作程序。它涉及很多学科：马克思主义哲学、高等教育学、社会学、心理学、管理学、行政学、统计学、控制论、信息论、系统论等。因此，研究中国大学生管理必须广泛运用各种有关的科学理论来分析，这样才能使从事学生管理工作的同志用科学的管理指导思想和科学的管理手段进行有效的管理。

对大学生进行严格管理的过程中，要正确处理以下两种关系：

第一，学生管理与规章制度的关系。高校学生管理要通过制定并实施必要的规章制度来实现。教育部根据党和政府的教育方针、青年大学生成长的特点以及长期以来的工作经验，已经制定了《普通高等学校学生管理规定》，这是对大学生进行科学管理的一个基本的法规性文件。各高校也结合自己的实际情况，整章建制，制定了一系列的规章制度。学生管理的实践反过来又丰富了规章制度的内容，使之更全面化、科学化。

第二，学生管理与思想政治教育的关系。在强调管理工作重要意义的同时，不可忘记思想政治教育的重要保证作用。任何只强调严格管理而忽视思想政治教育，或只强调思想政治教育而置制度管理于不顾的做法，都是片面的，不可取的。因为管理也是教育的一种手段，教育又能保证管理的推行和实施，所以只有把严格管理与思想政治教育有机结合起来，才能使学校工作真正走上井然有序的轨道。

第二节　高校学生管理的对象与任务

一、高校学生管理的对象

所谓管理对象是指"管理活动的承受者"。随着人类认识的深化和管理的科学化、复杂化，不同时期、不同学派有不同的内容和见解：一是指管理活动所作用的各种具体对象。最初是人、财、物三要素，后增加了时间、空间，成为五要素，又增加了信息、事件，成为七要素。二是指管理活动所作用的特定系统，即把管理对象作为由多种因素组成的有机整体。系统与外界环境有信息、能量、物质交流。高校学生管理作为高等学校管理工作的重要组成部分，其相对应的工作对象无疑是指高校学生，从广义角度来看，这些学生应包括所有在高校求学的学生，即专科生、本科生、硕士生、博士生等。因为这些人都是高校学生管理活动的承受者。高校学生管理牵涉到诸多知识体系，包括管理学、教育学、青年心理学、政治学、人才学等，因此，高校学生管理是一门综合性、政策性很强的应用科学。它具有自己独特的研究对象，这个对象就是学生管理活动本质的、内在的联系及其发展变化的规律。[①]

高校学生管理作为学校管理的一个重要方面，同其他管理工作一样，都是以教育领域某一方面的特殊现象和规律为研究对象的，它必然要受到教育领域总规律的支配与制约。因此，它又不同于管理工作的其他分类工作，具有相对的独立性。人们只有既认识到高校学生管理工作与其他管理工作的密切联系，又认识到它与其他管理工作的不同特点，才能真正揭示高校学生管理现象本身所具有的特殊规律，使之成为一门具有特性并富有成效的管理工作。

作为一门管理工作，一般而言，总要有相应的学科知识成为其所依循的工作方针，而一门学科的成立必须具备一个必不可少的条件，即它必须具有一套

[①] 刘伦．高校学生管理制度创新探索[M]．重庆：重庆大学出版社，2006．

系统的范畴体系。范畴体系既体现了研究的角度，也展示了研究的内容，同时又表明了其相互间的关系。因此，准确而恰当地表述高校学生管理学的研究内容，最好的办法是确立这门科学的框架和范畴体系。高校学生管理工作要研究的内容应涵盖以下几方面：

（1）学科理论的研究。其包括高校学生管理科学的性质、理论基础、研究对象和领域、主要研究任务、学科的地位和作用，高校学生管理的指导思想和原则，如何对历史的经验进行抽象和概括以纳入理论体系之中，如何移植、融合相关学科的理论，不断丰富、完善和发展高等学校学生管理科学等。

（2）方法论的研究。研究高校学生管理科学的方法论，一方面要研究根本的思想方法；另一方面还要研究具体的管理方法，如思想政治教育管理、大学生社区管理、教学与学籍管理、校园文化管理（含网络管理）、奖惩制度管理、社会实践管理、社团管理、心理健康与咨询管理、就业管理、学生党员管理与党建管理、学生干部队伍管理、学生群体性突发事件的应急管理等方面的管理方法与手段。

（3）组织学的研究。高校学生管理是一项系统工程，必须形成有效的网络系统，发挥最大的组织功效，如高校学生管理的组织领导体制、学生管理队伍的建设、学生管理的现代化趋势等，都必须做更为深入、全面的探讨。

（4）学生管理制度与国家法律法规、中央相关政策、教育规律、教育法规、政治文明建设进程的相互关系以及相关政策法规和知识系统的研究。

（5）学生成长规律、心理生理特点与管理工作的有机联系研究，青年群体之间相互作用关系与高校学生管理工作的互动共生研究。

二、高校学生管理的任务

高校学生管理工作的基本任务，不仅包括研究学生管理学的相关体系，即研究高校学生管理工作与活动的知识系统理论，而且更重要的是这种研究必须着眼于寻求学生管理工作本身所蕴含的特殊矛盾，领悟和把握学生管理工作的运行规律，以更好地运用于学生管理工作的实践之中，有力地推动高校学生管理工作。高校学生管理工作的主要任务有以下几个方面：

（1）坚持马克思主义关于人的全面发展理论和党关于全面建设小康社会时期的教育方针，贯彻党的基本路线，以马克思主义、毛泽东思想、邓小平理论和"三个代表"重要思想、科学发展观及习近平新时代中国特色社会主义思想为指导，以马克思主义哲学原理为方法论，认真贯彻落实新的《普通高等学校学生管理规定》，遵循党的教育方针和学校的培养目标，为培养全面发展的高素质的人才服务。

（2）系统总结我国高校学生管理工作的经验和教训。学生管理是一种既古老又年轻的社会现象，它伴随学校的产生而产生，有着悠久的历史传统和崭新的时代内容。

（3）批判地继承历史上的高校学生管理工作遗产，借鉴国外学生管理工作的经验，吸纳教育学、社会学、政治学、青年心理学、系统管理学、文化学等相关学科的知识理论，构建具有中国特色的、符合时代精神的高校学生管理模式。中国是一个历史悠久的文明古国，先辈们在学生教育和管理中积累了丰富的经验，这是宝贵的历史文化遗产，应当批判地继承，做到古为今用。同时，还应大胆借鉴国外高校的学生管理工作经验，去粗取精、去伪存真、融会提炼、博采众长，做到洋为中用。这样才能构建起具有中国特色的高校学生管理理论体系，并以此来指导实践，形成高效的、有益于大学生身心健康成长和成才的学生管理模式。

（4）加强科学研究，注重实践探索，不断发展高校学生管理工作的理论体系，推动高校学生管理工作模式健康运行。尽管学生管理工作有着丰富宝贵的实践经验和悠久的历史传统，但就总体情况而言，它与不断发展的中国特色社会主义的形势和发展趋势还存在着某些不适应，还面临着许多亟待解决的问题，无论是从理论要求上，还是从实践需求上，都需要科学化、理论化、法制化、人性化等诸方面的规范。因此，作为学生管理工作者，必须加强学生管理工作的科学研究，大胆探索，不断创新，切实把握新时期学生管理面临的新问题、新内容和新特点，努力用新方法、新思路和新手段去适应学生管理的新规律和新形势，使学生管理的理论与方式与时俱进，不断丰富和完善。

（5）以理论创新推动实践创新，促进学生管理工作的科学化、法制化和人本化。如何体现其管理制度的科学化、法制化和人本化，这是一个理论研究的问题，不仅需要研究法律与青年学的相关理论，还需要研究管理学方面的理论，同时更应注重将管理学、法律学、青年学有机结合起来，形成理论上的创新，推动实践创新。因为，大学生的管理不是一般的管理，而是一种对青年的管理，这种管理是要将这些有着一定知识的青年培养成德、智、体、美全面发展的人才的管理，换言之，这种管理的最高宗旨是要促进学生全面发展，使其成为国家的建设者和接班人。这就使学生管理工作牵涉到一系列的理论研究与实践探索，这就是现实交给学生管理工作者的光荣而艰巨的任务。

第三节 高校学生管理的指导思想与基本原则

一、高校学生管理的指导思想

研究我国高校学生管理，主要应注意运用以下几个方面的理论观点和指导思想：

（一）坚持马克思主义关于人的全面发展的理论

坚持马克思主义关于人的全面发展的理论，培养有理想、有道德、有文化、有纪律的全面发展的高级专门人才，是我国高校教育的根本任务。

社会主义大学的性质决定了社会必须确保学校培养出来的毕业生，不仅要有扎实的科学文化知识和健康的体魄，而且必须具有高度的社会主义觉悟，也就是要有理想、有道德、有文化、有纪律。要培养这样的新人，就必须按照马克思主义关于人的全面发展的教育思想办学。马克思主义教育思想的核心就是关于人的全面发展的学说。培养德、智、体全面发展的建设者和接班人的教育方针，是马克思主义这一理论精髓的具体运用。①

---

① 陈少雄，宋欢."三大创新"推动高校学生思想政治教育工作化无形为有形[J].高教探索，2018（8）：104–106.

(二)运用马克思主义关于辩证唯物主义的理论

运用马克思主义关于辩证唯物主义的理论,用对立统一观点指导高校学生管理,在管理中坚持整体观。马克思主义辩证唯物主义哲学是一切社会科学和自然科学的理论基础。马克思主义的认识论和方法论,渗透于所有社会科学和自然科学之中,所以,也同样渗透于高校学生管理科学之中。要运用对立统一观点,坚持管理的整体观。在纵向上,坚持整体观就是局部与整体的统一,从学生管理工作的整体系统看,组成这个有机整体的各部分又都是一个支系统,是局部。学生管理系统的整体功能是由各部分的组合形式决定的,虽然支系统都各具有特定的功能,但它们都应服从学生管理系统整体的目的和功能,各个支系统的要素都是为了整体目的而建立的。在横向上,坚持整体观就是处理好各支系统之间的分工与合作的一致性,把各部门都协调到为培养全面发展的人才这一共同的管理目标上来。

(三)运用高等教育和现代管理科学理论

运用高等教育和现代管理科学理论指导高校学生管理,使大学生管理科学化。现代治校观念要求管理者靠现代科学来管理学校,管理学生。具体来讲有以下两个方面:

(1)要靠教育科学,要遵循教育的外部规律与内部规律办事。例如高等教育的规模由一定的经济基础所决定,反过来又作用于一定的经济基础。高等院校作为高等教育的主要载体和平台,人才、资源、市场面临着越来越激烈的竞争,理念、体制、结构也面临新的变革和调整。高校要准确把握社会脉搏,直接面对市场办学。大学生管理也要研究新情况,解决新问题,面向21世纪培养高素质的复合型人才。

(2)要靠运用现代管理科学的理论与方法进行管理,使学生管理队伍的组织机构严密,管理制度科学,人员分工合理,职责范围明确,奖惩分明,动作协调,工作高效等。运用现代管理科学指导学生管理主要是运用它的基本原理:系统整体性原理、要素有用性原理、动态相关性原理、人的能动性原理、规律效应性原理、时空变化性原理、信息传递性原理、控制反馈性原理等。应在管理实践中力争使管理组织系统化、管理决策科学化、管理方法规范化和管理手段现代化。

（四）继承和发扬我国高校学生管理的成功经验

中华人民共和国成立后，多年来高校学生管理工作的成功经验是当今学生管理工作的宝贵财富。

（1）社会主义大学必须坚持中国共产党的领导，坚持社会主义方向，这是我国多年来办大学的一条基本经验。坚持党的领导就是用党的路线、方针、政策作为社会主义大学管理的基本指导思想，就是要确保社会主义大学的社会主义方向，调动全校师生员工的积极性，为培养德、智、体全面发展的高级专门人才努力奋斗。

（2）管理工作规范化、制度化。即把符合社会主义方向的，又经过实践检验比较成熟的民主管理和科学管理体制、程序、办法用制度形式固定下来，使工作形成规范，其中心点是责、权、利相结合，使制度的思想性和科学性统一。

（3）坚持理论联系实际的原则，面向社会实践，实行教育与生产劳动相结合。社会主义大学培养的人才，必须适应社会主义市场经济的需要，在思想上有高度的社会主义觉悟和共产主义献身精神，在业务上不仅要有理论知识，而且要有较强的分析问题和解决问题的能力，要有实干精神和较强的独立工作能力。

二、高校学生管理的基本原则

（一）高校学生管理基本原则的概述与依据

1.高校学生管理基本原则的概述

原则是对客观规律的反映，是观察问题和处理问题的准绳。高校学生管理的基本原则，是指高校在对学生实行全面管理和全程管理的过程中，观察、认识和处理各种矛盾和问题所必须遵守的基本准则，是对学校各级、各方面管理人员进行科学化管理所提出的基本要求。高校学生管理的基本原则，是以社会主义高等学校人才培养规格为管理目标，以教育科学和管理科学理论为依据，在长期的管理实践中，认真总结学生管理活动的经验教训，不断归纳提炼出来的，是学生管理活动发展到一定阶段的必然产物，它有着丰富的内容，是一个多层次的、相互联系的完整体系。

高校学生管理基本原则，集中体现了学校管理的基本规律和本质特征，在整个学生管理过程中起着重要作用。学校各类管理人员，在工作实践中，总是自觉或不自觉地遵循着某种原则，而只有在科学的原则指导下，才会使学生管理工作有效，才能实现管理的目标。高校学生管理工作涉及学生的各个方面，它包括学生行政管理、学习管理、生活管理、思想政治教育管理、校园文化活动管理等，其内容包罗万象，涉及面非常广泛，因此，要使整个管理工作有序进行，实现高校学生管理的科学化、系统化和规范化，就必须认真贯彻执行学生管理的基本原则。

随着高校扩招、高等教育规模的扩大、高等教育由精英教育转向大众教育以及高等教育改革的不断深化，新事物、新问题不断涌现，高校学生管理面临许多新的矛盾、新的课题，面对这些新矛盾、新课题，高校学生管理工作者必须把握方向，明确目标，遵循学生管理的基本原则，勇于探索实践，一切从实际出发，深入研究学生管理的实践活动，坚持学生管理工作按客观规律办事，使学生管理各部门的工作协调一致，相互配合，从而保证学生管理目标的实现，为社会主义现代化事业培养优秀的建设者和接班人。

2. 高校学生管理基本原则的依据

高校学生管理基本原则的形成具有很强的实践性，它源于实践，具有充分的实践依据；同时，它又以教育科学和管理科学为理论基础，有着充分的理论依据。

（1）理论依据是人的全面发展理论和教育方针。

我国社会主义大学的性质决定了我们必须确保学校培养出来的大学生是具有较高素质的人才，不仅要有扎实的科学文化知识和健康的体魄，而且必须具有高度的社会主义觉悟，即要有理想、有道德、有文化、有纪律。造就全面发展的人，是高校的培养目标，是办社会主义大学、培养新世纪建设者和创造型人才的出发点和归宿点。社会主义学校制定学生管理的基本原则，就是要以"以人为本"的思想及教育方针作为理论依据。

（2）科学依据是高等教育科学和现代管理科学。

高等教育具有自身客观存在的规律性，只有认识和掌握这些规律，并按照规律办教育，才能确保培养目标的实现。高校学生管理作为高等教育的一个重要组成部分，必须遵循高等教育的客观规律。高等教育规律分为外部基本规律和内部基本规律。外部基本规律揭示了教育与经济的外部关系，主要反映教育在国家建设和社会发展中的地位和作用、教育投资的经济和社会效益、教育的主要社会职能等方面。尽管在教育、经济与社会文化等诸多关系中，它们存在着相互影响与制约的作用，但总的来说，在经济、社会文化与教育的相互关系中，是经济、社会文化决定教育而非教育决定经济、社会文化。因此，随着经济、社会文化的变化，教育也将发生变化以适应和服务于经济、社会文化。作为高等教育中的学生管理当然也如此，一部中外教育史，往往折射出中外的经济和社会文化变革史，这是高校学生管理者必须明确的。

内部基本规律揭示了教育的内部关系，主要反映在培养目标，不同专业人才的培养规格、途径与方法等方面，它与社会的变化密切相连。科学的发展，促使教育手段的优化，科学的发展和社会的变革对人才提出了新的要求，这又促使教育的培养目标发生变化，如此等等，不一而足。高校学生管理必须遵循教育规律，要根据我国高等教育发展的状况，充分认识高级专门人才培养对发展社会主义市场经济所起的积极作用，使高校培养的学生主动适应社会的需要。要进一步明确社会主义高等学校的培养目标和人才规格，端正办学指导思想，摆正德、智、体三者的关系，积极探索更为有效的管理途径与方法，使高校学生管理系统化、科学化和现代化。

运用现代管理科学的理论与方法对高校学生进行管理，是时代发展的必然要求。现代管理科学作为高校学生管理原则的依据，就是在制定学生管理基本原则时，使学生管理队伍的组织机构严密、管理制度科学、人员分工合理、职责范围明确、奖惩分明、动作协调、工作高效。高校学生管理人员要善于运用现代管理科学的系统整体性原理、要素有用性原理、动态相关性原理、人的能动性原理、规律效应性原理、时空变化性原理、信息传递性原理、控制反馈性原理等，使学生管理组织系统化，管理决策科学化，管理方法规范化和管理手段现代化。

（3）实践依据是50多年来我国高校学生管理的经验与教训。

社会主义大学必须坚持社会主义办学方向。坚持社会主义大学管理的基本指导思想，就是要确保社会主义大学的社会主义方向，调动全校师生员工的积极性，为培养全面发展的新世纪的建设者和接班人而不懈奋斗。一切管理工作都要根据对应的方针、政策去组织和实施。各项规章制度的制定都要有利于调动广大师生员工建设社会主义的积极性，有利于合格人才的培养，为社会主义市场经济的建设和发展服务，为社会经济协调持续发展和全面建设小康社会服务，这是确立高校学生管理基本原则的立足点。

高校学生管理工作的规范化、制度化，会把符合社会主义方向的，又经实践检验的，较为成熟的民主管理和科学管理体制、程序、办法用制度形式固定下来，使工作形成规范，其核心是责、权、利相结合，使制度的思想性和科学性相统一。

坚持实践第一的观点，理论联系实际，面向社会，实行教育与生产劳动相结合。社会主义高校培养的人才，必须适应经济和社会发展的需要，在思想上有高度的社会主义觉悟，诚实守信，敬业乐群，有奉献精神，在业务上既要有较好的理论素养，又要有较强的分析问题和解决问题的能力，要有脚踏实地的实干精神和开拓创新的创造能力。这既是高校学生管理原则制定的出发点，又是其归宿。

尽管高校学生管理取得了成功的经验，但并非一路凯歌，在成功中也有教训。进入21世纪以来，不断涌现的大学生与所在学校的诉讼案告诉我们，高校学生管理制度亟待与时俱进，要有所创新。

（4）法律依据是依法管理。

1）依法管理学生工作是社会发展的必然要求。具体内容如下：

第一，依法管理学生工作，是建设社会主义法治国家的客观要求。社会主义法治国家的建立，不仅需要有完备的法律体系，更需要全体公民具有良好的法律意识和法律素质，使国家和社会生活的各个方面实现有法可依，违法必究。高校大学生是社会知识群体中的一部分，他们的行为对社会具有较强的示范和影响作用。依法管理学生工作，有利于新时期依法治国方针的实施。

第二，依法管理学生工作，是社会主义市场经济的客观需要，社会主义市场经济的本质决定它必须是法治经济。市场主体的活动，市场秩序的维系，国家对市场的宏观调控，对外开放的坚持与完善，以公有制经济为主体多种经济成分共同发展的基本经济制度的巩固和完善，按劳分配为主体的多种分配方式的有效运作，市场对资源配置基础性作用的发挥，都需要法律的规范、引导、制约和保障。这是完备的市场经济体系形成的最基本条件之一，同样它也必然要求整个社会生活步入依法管理的轨道。高等学校作为市场经济的主体之一，它的运作必然要按照市场经济的需求来进行。高校的学生管理工作开展与实施是高等学校育人工作的一项重要的内容，理应符合市场经济的要求；市场经济要求依法进行，当然，高校的学生管理工作也需要依法进行。只有这样，高校学生管理工作才能经受住挑战，并融入市场经济中去，实现与市场经济的接轨。

第三，依法管理学生工作，是高校内部改革的需要。随着改革的不断深入，高校后勤社会化的进程日趋加快，这既有利于高校集中精力抓好培育人才、发展科学及服务社会等工作，同时，也为发展社会第三产业，提高就业机会创造条件。实行开放式管理，要使大学生既能适应后勤服务社会化的管理，又要实现高校教育培养目标，实现学校管理与社会管理的接轨，就必须依法管理。

第四，依法管理学生工作，是师生个体完善的内在要求。改革开放以来，我国的社会主义法律体系以很快的速度丰富和发展，法律已渗透到社会生活的各个方面，规范着人们的行为，在高校学生与学生之间、学生与老师之间、学生与学校之间都可以找到法律、法规所适用的内容和范围。普通高校大学生一般均具有民事和刑事行为能力，是完全行为能力人。因而依法开展学生工作，有利于促使大学生养成知法、用法、护法的良好习惯，同时，又能使学生明确自己的义务、权利、职责等，这些对推进全社会法制化进程，进而建设社会主义法治国家都有着积极的作用。

2）高校学生管理工作迫切需要依法管理。具体内容如下：

第一，长期以来，思想政治教育工作作为高校学生管理工作中的一项重要内容，发挥着巨大的作用。大学生的行为越来越社会化，在这种情况下，仅靠思想政治教育工作，显然远远不够，只有逐步实现依法开展学生管理工作，才可能走出学生教育管理工作的困境。

第二，全民普法教育虽已进行多年，大学生的法制教育也进入了课堂，但在实际工作中，有的执法部门出于对大学生前途的考虑，在处理问题时在某种程度上影响了法律的严肃性。

第三，在高校学生管理工作中，有的学生违纪后出走等事件时有发生，这些都给学生管理工作带来了许多问题。然而有的学生家长却把责任推给校方，甚至影响了高校正常的教学和管理工作，增加了正常工作的难度和复杂性。因而，实现依法管理，有利于明确个人行为的法律责任，无疑是解决此类问题的良策。

第四，高等教育面临着21世纪的挑战，人们的教育思想、教育观念也正在进行积极的调整和改变，素质教育已成为教育改革的方向。实现用法律管理高校学生工作，用法律法规来调整大学生的行为，有利于提高学生管理工作的效率与质量，减少教育管理工作者额外的劳动，也为实施素质教育创造了一定的条件。

3）如何依法开展高校学生管理工作。具体内容如下：

第一，针对高校这个特殊群体制定专项法律、法规来加以规范。从目前高校的实际来看，对于学生的违纪、违规的处理，院校之间掌握的尺度不一致，影响了处治的公平性。如果有了明细的法律、法规作为统一公平的标准那就较为客观，处理的效果可能会更好一些。

第二，要大力加强大学生法律意识教育。目前，高校法律课往往只在某个年级阶段开设，且形式较为单一，加之课时较少，难以保证让大学生系统地了解法律知识，增强大学生的法律意识更是困难重重。因而，大力加强大学生的法律意识教育，使它贯穿于大学生的整个学习阶段，不仅仅是为了方便学生管理工作者对大学生在校期间的管理，更主要的是使大学生树立牢固的法律意识，养成良好的学法、知法、守法和护法的习惯，为毕业后步入社会发挥引导和示范作用，推动整个社会法治化建设。

第三，要逐步形成依法管理高校学生管理工作的育人环境。依法管理高校学生管理工作不能仅仅针对学生，而应当是全校的各个方面都要依法进行管理，尤其是管理干部和教师要特别重视强化自身的法律意识。在处理老师之间、师生之间的问题时，也要体现依法管理的原则。在制定管理规定时，应充分考虑到法律的一致性。在实施依法管理的过程中，也要体现人人平等、一视同仁的原则，只有这样，才能切实做到依法管理。

第四，要建立一支适合依法管理的高校学生管理工作干部队伍。要在高校学生管理工作上实施依法管理，就必须建立一支适合依法管理的高校学生管理工作干部队伍。可以挑选一些思想政治觉悟高且热爱学生工作的同志，进行法学理论方面的专门培训，使他们能获得法律方面的专业理论知识，鼓励他们攻读法学类研究生和考取律师资格证等，以他们作为基础力量，外聘一些专职的司法工作者，组成学生法律援助组织和仲裁机构，并与司法部门建立联系，协同接受各类申诉，处理一些案件，这样对依法管理高校学生管理工作将会非常有利。

依法管理是做好高校学生管理工作的一条有效途径，但在实际工作中，我们不能夸大依法管理的作用，也不能抛弃传统的思想政治教育的模式，只有把二者有机地结合起来才能有效地做好各方面的工作，从而实现高校学生行为管理与社会行为管理的接轨，使高校学生养成自觉遵守法规的习惯，成为有理想、有道德、有纪律、有文化、身心健康、成熟坚强的现代化人才。

（二）高校学生管理基本原则的内容

1. 工作方向性的原则

管理是一种有目的的活动，管理工作必然具有方向性。以坚持社会主义方向为准绳，这是我国学生管理工作的一个本质特点。社会的性质制约着学校的性质，进而决定学校一切管理工作的性质，因此高校学生管理工作要作为一种有目的、有意识的自觉活动，为社会主义现代化建设培养造就大批合格人才，这是高校学生管理工作必须遵循的一条最基本、最重要的原则。

2. 理论与实践相结合的原则

理论与实践相结合，坚持实践是检验真理的标准，这是马克思主义的基本原理，也是高校学生管理的基本原则。准确领会和掌握马克思主义相关科学及各种管理原理，把握它们的精神实质，这是搞好学生管理工作的前提。但是，管理原理的应用价值和范围是受不同学校、不同管理对象和管理者水平等因素制约的。党和国家在社会主义现代化建设进程中有着基本的教育方针和政策，在各个不同发展时期，针对不同特点，又提出一系列具体的方针、政策和要求。这些方针、政策和要求，应当体现在各高校学生管理的具体措施、方法之中，但是科学的学生管理必须从本地区、本校、本专业、本年级学生的具体情况出发，从学生的素质、兴趣、爱好和青年的生理、心理特点等出发，制定出相应的方法和措施。

3. 行政管理与思想教育相结合的原则

培养学生的共产主义思想品德既需要耐心细致的说理教育，也需要坚持不懈的行为训练，使学校的教育要求变为学生的行为习惯，否则，教育的效果就不会巩固。学生良好行为习惯的训练和培养离不开科学的管理，没有合理的规章制度、行为规范，思想政治教育就会空乏无力。行政管理在培养社会主义合格人才的过程中具有不容忽视的作用，它为教育工作提供规范、准则和纪律保证，但是具体的大学生管理是通过规章制度、行为纪律对学生的思想行为进行科学的指导和制约的。这些制度、措施、纪律表现为社会与学校的集体意志对大学生的要求，表现为对大学生行为的外在限制，因此，想单纯地运用管理制度去解决学生复杂的精神世界问题是违背教育规律和不切实际的。高校对学生进行管理的措施的制定与实施，必须以提高学生的认识能力，培养学生自觉遵守规章制度的自觉性为前提。自觉的纪律来源于正确的认识，离不开正确的教育，只能通过科学而有效的思想教育，帮助学生提高执行纪律的自觉性，才能真正实现管理的效能。

4. 民主管理的原则

高校学生管理工作的一个重要方面，就是要培养学生自我控制、自我管理的能力，激励学生在管理中的主动意识和主人翁态度，充分调动学生自我管理的内在积极性。因此，社会主义学校学生管理工作中坚持民主管理的原则才是符合整体管理目标的。

从大学生的心理特征看，他们处于心理自我发现期，这一时期他们产生了认识和支配自我、支配环境的强烈意识，他们的思想和行为表现为明显区别于中学生的相对独立倾向，希望自己的意志和人格受到外界更多的尊重。他们对学校制定的规章制度、行为纪律会思考它们的合理性，一般不希望被动地处于服从和遵守的地位，而是要求参与管理。根据学生培养目标和他们的心理特点，在管理工作中应充分发扬民主，把学生看成既是管理对象同时又是管理主体。

在实行民主管理时，应注意发挥党团员学生的作用，重视学生干部的选拔与培养，这是调动学生中的积极因素、实现学生民主管理的重要任务之一。

第四节　高校学生管理的特征与作用

高校学生管理是学校管理的一个重要分支，是学生管理理论与实践的高度综合与概括。半个多世纪以来，我国高校学生管理的实践证明，对大学生的成功管理，要遵循高校管理的基本规律，把握住高校的特点。只有这样才能使高校学生管理产生积极的效益，确保学生成才。[①]

一、高校学生管理的特征

（一）政治性特征

管理是一种有目标的活动，管理工作必然具有某种方向性。当前，高校学生管理必须紧紧围绕着为全面建设小康社会，为中国特色社会主义培养合格人才这一中心目标服务，这是我国目前高校学生管理工作中的一个本质特点。

学生管理工作作为一种手段，是为教育方针服务的，而教育方针是一定时代的政治、经济和文化等现实在教育领域的反映。众所周知，中外教育史上都有重视德育的传统，但不同时代、不同社会，其德育中德的内涵是大不相同的。[②]

---

① 王凤彬，李东. 管理学 [M]. 北京：中国人民大学出版社，2000.
② 刘伦. 高校学生管理制度创新探索 [M]. 重庆：重庆大学出版社，2006.

学生管理工作的政治性，决定了学生管理工作者必须具备应有的政治素质，不断提高自身的政治敏锐性，时刻关注政治局势，把握大局，保持与党中央的高度一致。

（二）针对性特征

学生管理既然是管理，就不会离开管理学科的特点，它不可避免地要吸收国内外相关管理科学方面的理论知识体系和工作经验。但大学生管理不同于一般的管理，它有着自己的特殊性。这些特殊性至少表现在以下三个方面：

（1）管理的对象是大学生（社会角色而言），他们本身就是一个特殊的社会群体，是一群掌握着一定基础知识和专业知识的潜在人才群体。

（2）管理的对象是青年（生理心理角色而言），他们处于血气方刚、激情澎湃、感情冲动、充满朝气的人生阶段。

（3）管理的对象是正在接受知识教育和思想道德教育的青年群体，他们是一个处于想独立而在经济上又不能独立的半独立状态的青年群体。

以上三方面的特点决定了高校学生管理的针对性，决定了高校学生管理必须涉及青年学、生理学、心理学、教育学、人才学和管理学等诸方面的知识体系。

从青年学（含生理学、心理学）的角度而言，应当看到，大学生管理面对的是朝气蓬勃的青年人，他们的世界观、人生观、价值观尚未完全定型，他们对异性的关注和对人生的理解等，都有着这个时代的烙印，受到所处的时代环境的影响，与20世纪五六十年代生长起来的一代人是有着明显区别的。要管理好他们，就必须研究了解他们，要研究了解他们，就必须把握时代特征，要把握时代特征，就必须弄清楚这个时代的政治、经济、文化及科学技术发展大方向。

从教育学的角度而言，高校学生管理必须有利于青年大学生的成长，必须符合教育规律。换言之，就是大学生管理必须按教育学、人才学所揭示的规律来进行。比如：大学生德育、智育、体育之间的关系如何在学生管理中有机融合的问题；知识的获得与能力的培养如何有机协调的问题；尊重学生个性与学校统一管理如何获得有效一致的问题；课堂教学与社会实践如何结合的问题等，都是需要认真研究探索的。

从管理学的角度而言，科学的管理从本质上讲是法治化、人性化的管理。

管理的有效实施离不开规章制度的建设，而法律与规章制度的制定往往是以一定的理念为指导的。在法学中，指导法律制定的是法理（法律理论）；在政策学中，指导规章与政策制定的是政治理论和与政治理论相关的哲学理论。由于法律与规章及政策所针对的都是人，所以，都离不开对人的理性化认识。

（三）科学性特征

对于大学而言，建立一套集德、智、体及日常生活管理于一体的系统管理制度，其实质是一种约束和规范，即把学生的思想、情感、行为和意志等引导到国家所倡导的培养目标上去。这一活动目标的实现要求制度具有科学性，而高校学生管理制度的科学性至少包括以下几方面的内涵：

（1）符合法律法规。即要求学生管理制度符合国家的法律法规精神的要求。

（2）符合学校的实际。学校的实际包括学校的层次类型以及学校所在地的地域人文风情。

（3）符合大学生的生理心理特点。这就要求高校的学生管理制度制定者必须了解学生，既要了解大学生的实际情况，又要清楚培养目标与要求。

（4）具有可操作性。作为管理制度，有理论指导，又与理论有所不同，其最大的特点就是它必须具有可操作性才能真正达到管理的目的，没有可操作性，再好的制度也只能是理论上正确而不能执行的制度。必须指出，在现实中确实有高校存在难以操作的正确的规章制度。

二、高校学生管理的作用

实现全面小康，需要千百万建设社会主义事业的专门人才，而高校在现代社会中是人才的"加工厂"，担负着培养人才的重大责任。高校学生管理工作是高校教育管理工作的重要一环，其责任总体上与高校的根本任务是一致的，这种责任决定了高校学生管理工作的重要作用。它主要反映在以下几个方面：

（一）育人的作用

高校学生管理是高校管理的重要方面，高校是人才培养的基地，高校管理是为培养人才服务的，高校学生管理更是直接针对大学生的，但这种管理却与一般意义上的管理不一样，它不是单纯的管理，而是带有教育性质的服务，即不仅要通过管理促进高校的有效运行，而且要通过管理达到教育目的，使学生成为高校的合格"产品"。也就是说，高校的学生管理是一种"管理育人"的管理，这种管理要与高校的教学、思想政治工作和心理健康教育等一系列工作有机结合起来，产生一种管理育人的效果，促使教育方针在高校真正得到落实。

（二）稳定的作用

高校学生是一个特殊的社会群体，他们具有青年的特质：朝气蓬勃、充满激情、追求真理、关心时事，但同时也有着青年固有的不足。他们在法律上是完全民事行为能力人，但从某种意义讲，他们在心理上却是准成年人。与其他同龄人相比，他们掌握着更多的知识，但较之真正的知识分子，他们的知识又存在结构上的缺陷和知识量上的不足。在全面建设小康社会的过程中，各种政治、经济、社会和文化等方面的矛盾必将反映到大学生中来，如果管理不到位，高校的群体事件就可能变为政治性群体事件，从而给社会的稳定带来威胁。因此，依法管理，预警在先，通过制定并实施符合学校实际的规章制度，引导大学生端正学习态度，明确学习目的，掌握正确的学习方法，养成良好的生活习惯，通过各种渠道和措施，为大学生建构良好的心理品质，形成稳定的情绪，从而保持学校的稳定，是高校学生管理的重要作用之一。

（三）增强能力的作用

高校是培养人才的场所，因此，高校的学生管理应有培养学生的功能，应发挥增强学生能力的积极作用。例如：社会实践的管理，可以增强大学生的社会实践和社会活动能力；实验室的管理，可以增强学生的动手能力；心理咨询可以提高学生自我认识、自我调节的能力；学生的党团活动可以提高学生对党团的认识水平等。

第二章 高校学生管理机构与队伍建设

在高校学生管理系统中，许多因素都对管理效果起着重要的影响，而要结合、协调诸因素，都离不开管理机构与管理人员。本章重点探讨高校学生管理机构的设置、高校学生管理工作队伍的建设以及高校学生管理工作者的素质研究。

第一节 高校学生管理机构的设置

一、高校学生管理机构应遵循的原则

一般来说，设置大学生管理机构应遵循的原则主要有以下几个方面：

（一）系统整体的原则

大学生管理工作是学校这个大系统中的一个重要的支系统，这个系统的管理目标与学校的培养目标是一致的，即"维护高等学校正常的教学、工作和生活秩序，保障学生身心健康，促进学生德、智、体诸方面发展"。具体地说，就是要对学生的思想品德、专业学习、体育锻炼、劳动实践、课余活动、行为组织、生活起居以及分配就业等问题进行全面管理。因此，大学生管理系统是个多因素、多层次、多系列、多功能组成的结构群体。这个结构群体中的各要素、各系统、各层次间存在必然的内在联系，要素和结构整体是不可分离的。因此，整个大学生管理系统组织结构中设置的任何一个部门，任何一个管理层次，任

何一个管理序列，都必须注意它们之间的功能联系及其同整体管理效能的关系。否则，必然导致整个系统管理作用的减退和管理功能的紊乱。因此设置大学生管理机构必须依据系统整体原则，深入分析了解各学生管理机构和它们的构成因素在整个学生管理工作中的地位和作用，以及分析它们之间的相互依存、相互制约、相互促进的关系，寻求学生管理机构的最佳组合，将各级、各类、各环节的学生管理活动协调于学生管理系统的整体行为之中，不断推进大学生管理向机构体系最佳状态发展。①

目前，我国绝大部分高等学校内部领导体制是党委领导下的校长分工负责制。大学生管理的机构设置从系统整体这一原则出发，就必须做到设立的管理机构系统与学校内部领导体制相适应，避免学生管理工作因多头领导而造成指挥系统紊乱。同时，要注意消除机构重叠、工作重复的弊端。至于职能分散，则是在某些机构完成同样的职能时反映出来的。当然，另外一种情况同样是系统整体原则所不容许的，即某种职能总是从机构所担负的责任中漏掉，或者被排斥在所设置的机构之外。只有依照系统整体原则来设置学生管理机构，使各机构职能范围清楚，责任明确，功能彼此相对独立而互补，才可能建立一个从上到下的强有力的工作系统，从而有利于避免学生管理工作中多中心的混乱状态，达到对学生的成才全过程进行有秩序管理的目的。

（二）层次制与职能制结合的原则

层次性是所有事物组成的普遍规律。高等学校的大学生管理系统中有校、系、年级、班、组这样几个层次，层次制指的就是学校这种纵向划分的方法。职能反映的是管理机构的各个系统可能的活动领域，反映的是某些性质不同的工作的集合，这些工作的开展为实现系统的最终目标提供保证。

从学校一级来看，学工委办公室（学生处）、教务处、总务处、宣传部、团委等等就是职能单位，在学生管理系统中，它们都从不同的角度对学生进行管理。考察合理的学生管理机构设置，应该主要从职能制角度出发，但也不能

---

① 李正军. 高校学生管理工作概论[M]. 保定：河北大学出版社，2002.

忽视层次制。在设置学生管理机构时，必须考虑到，在其他条件相同的情况下，层次的增加会导致所需处理的信息量的扩大，领导者负担过重，会增加系统内活动相互配合的困难。而且随着管理层次和每一层管理内容的增加，便会出现由于管理过程复杂化而造成效能下降的情况。

目前我国大学生管理机构设置的普遍情况是层次越高，职能制单位越多；层次越低，职能制单位越少，但直接管理的对象却越多。因此，根据整体原理，机构设置中要有全局观点，要考虑到上下左右的联系沟通，使机构减少到最低限度，便于低层次中建立起相应的机构，使职能制与层次制相结合，互相补充，以取得最佳管理效果。①

（三）职、责、权相一致的原则

机构设置与人员配备坚持职、责、权一致的原则，是发挥部门职能作用和使其协调一致的关键问题。职是职务、职能，责是责任，权是指依据职能、任务所赋予的权力。职责应有明文规定，并与权相一致。

明确每一机构的职能，使在其中任职的工作人员都能与他们的技能水平和能力相等是非常重要的。要严格地确定和分配职能以保证各机构对自己所完成的全部任务负责，并达到精简不必要机构的目的。在设置机构和安排职务时应该本着任人唯贤和人能相称的原则，因事而择人，安排适当人员，合理地分配任务，使职责统一，并按履行责任的需要，授予相应的权力，做到各个机构、各个部门都要有分工负责，要从上到下建立岗位责任制。明确各管理层次和职能的职责范围、权力界限，使每个工作人员都能各司其职，各尽其责，各善其事。而且要严格岗位责任制的考核，以纠正过去职责不清、赏罚不明的现象，形成一个有效的、有秩序的学生管理新格局。

这里要注意的一点是，在职责过分具体化和工作人员任务过于狭窄的情况下，也会束缚他们主观能动性的发挥，甚至在发生突发事件时，丧失有效管理的可能性。因此，对每一机构和每一工作人员来说，责权一致过程中重要的是

---

① 李正军.高校学生管理工作概论[M].保定：河北大学出版社，2002.

要确立他们所履行的职能的适宜性和特殊性程度，这同样是保证管理机构符合责权一致原则的前提。

（四）集中管理与民主管理相结合的原则

集中管理与民主管理可以说是当代大学生管理两个不可分离的组成部分，它们互为前提。只有高度集中，学生管理工作才有高效益，但也只有充分发扬民主，才能更有利于保证管理过程的高度集中。因此，大学生管理的集中化和民主化的相互关系在管理机构实际履行职能过程中得以体现，它在很大程度上预先决定着能否达到系统所要实现的目标。集中管理的主要任务是根据学生管理工作的特征，作出统一的管理战略决策。

在垂直联系的系统控制之下，常常是学校最高层领导人的责任范围不适当地扩大，他们不仅被授权作出管理战略方面的决策，还参与具体管理活动，留给他们处理重大问题的工作时间很少。随着学生管理系统的复杂化程度和管理信息的扩大，具有较强机动性特点的较低层次，尤其是系一级的学生管理活动就日益具有更大的价值。

因此，集中管理与民主管理结合原则的意义就在于设置或调整学生管理机构时要使管理机构内部的权力和责任进行相应的重新分配，尽可能地把战略性职能和协调性职能与具体的管理活动分开，在形成或改造管理机构的过程中，适当调整不同层次机构在学生管理工作中的参与决策、实施管理方面的作用。而且，在整个管理机构系统内，除了建立健全决策、执行系统外，还要建有监督、咨询和反馈系统，使整个管理组织具有良好的控制能力。[①]

集中管理与民主管理相结合的另一个意义是，在设置大学生管理机构时，要建立起符合民主原则的管理机构和管理制度。要充分发挥管理对象，即大学生本身在管理中的作用。过去有的学校对学生管理效果不佳的重要原因，就是没有遵循民主管理原则，把学生当成消极被动的管理对象，在工作中单纯采取限制、压制和惩办的手段。而要保证民主管理的实现，就必须通过不同的形式，

---

① 刘伦. 高校学生管理制度创新探索 [M]. 重庆：重庆大学出版社，2006.

吸收学生参与管理，使学生会和学生代表大会等学生自己的组织真正成为学生管理工作的有效监督系统和反馈系统，甚至在一些学生管理机构中也可吸收学生代表参加。这样，形成大学生管理机构系统在集中领导下的民主气氛，使学生管理工作达到最佳管理效果。

（五）因校制宜的原则

大学生管理机构设置方式在不同的学校，由于其所处的社会环境，它自身的历史发展，以及学校的类别、任务、规模、条件、学生来源、领导力量、管理人员素质及校风、学风等各种因素的差异，不可能达到相同的管理效果。即使是同一学校、同一机构内，由于管理者的素质及工作作风的不同，也可能产生各具特色的、多样化的管理效果。因此，各校学生管理机构的设置，只能因地制宜，因校制宜，在统一要求下，从实际出发，实事求是，根据工作需要，研究设置管理机构。一般来说，中等规模的学校与小规模学校的机构相比，可能更需要一种完善的学生管理机构，至于大规模学校的机构则更应该从上到下地加以周密考虑。组织机构的设置，各校可根据教育部划定的大原则、大框架结合本校自身特点，进行慎重而周密的试验，不断总结经验，不断探索，逐步摸索出适宜本校并能达到最优管理的学生管理机构设置方案。

二、大学生管理机构结构的形式与机构的设置

从理论上可以归纳为"直线型""职能型""直线－参谋型""直线附属型""矩阵结构"等形式。目前，多数学校采用的是"直线－参谋型"或"矩阵结构"形式。

"直线－参谋型"的结构形式是把大学生管理人员划分为两类：一类是直线指挥人员，如校、系负责人，他们拥有对较低层次学生管理部门实际指挥和命令的权力，并对该组织的工作负全部责任；另一类是职能管理人员，他们是直线指挥人员的参谋，作为直线领导的参谋和助手，他们只能对指挥系统中的下一级管理机构进行业务指导，而不能对他们直接进行指挥和命令。

"直线－参谋型"的最大优点是它的上下级关系很清楚。这种结构形式中的职能机构，是按照一定的职能分工，担负着学生思想、教学、行政、生活等方面的管理任务，职能机构通过各自分管的学生管理任务，对有关管理工作起

着业务指导和保证作用。

具体说来，职能机构担负着以下职责：向领导提供有关情况和报告，提出建议和方案，供领导决策时参考；监督下级机构对上级领导的指示、命令和有关计划的执行、检查执行情况，以便更好地贯彻领导的指示和意图；协助各级领导，具体办理有关学生管理业务，为下级管理机构创造完成任务的保证条件，在业务上指导和帮助下级组织。"直线—参谋型"结构领导关系简单，能始终保持集中统一指挥和管理，避免了机构系统中多头指挥和无人负责的现象，因此，学生管理方面出现问题就可以一级找一级直到问题解决；同时，各级领导人员有相应的职能机构做参谋，可以充分发挥其职能管理方面的作用。但是，事物之间除了纵向联系外，还存在着横向联系，"直线-参谋型"的结构形式在实际执行中也有明显矛盾。①

由于该结构系统的客观原因，在一系列组成单位中不得不分散管理职能，这样，当管理建立在把一切工作形式明确地独立出来和对职能有明确分配的时候，这种管理活动的每一个参与者就都能够明确目标。然而，虽然它们都是按照学校统一计划、统一部署进行工作，但由于分管不同业务，观察和处理问题的方法、角度各有侧重，彼此间往往会产生矛盾。此外，在这种结构系统中，垂直联系高于一切，解决与战略任务并存的、大量的具体管理问题的任务和权力聚积在上层，诸如伙食问题、寝室问题等等具体问题经常压倒一系列长远任务，而且使在系统发展过程中所产生的新任务的解决发生困难。

因此，需要有这样一些管理机构，它们能较好地适合于学生管理系统发挥作用，在较特殊的情况下，能有效地协调各方面的职能，而"矩阵结构"管理系统就是这样一种结构。在这种结构范围内，不是从现有的隶属等级立场出发，而是集中在所有形式的管理活动整体化和改进这些活动形式的协调动作上。因为只有这样，才能创造条件有效地促进管理目标的实现。例如，为了加强对学生的思想政治教育及对学生的全面管理，为了开展评先奖优活动，在党委和校

---

① 陈锦山.高校学生事务管理模式的建构——评《高校学生事务管理模式创新》[J].新闻与写作，2017，（6）：3.

长领导下成立的学生工作委员会、奖学金评定委员会、毕业生分配委员会、群众体育运动委员会等等，都是按照专项分工，把各职能部门工作从横向联系起来，形成全校学生管理工作的矩阵组织结构。

矩阵组织结构的特点是：纵向的是"直线－参谋型"组织形式，按层次下达任务，各有关职能部门按其职责范围，分别按层次贯彻学校的学生工作计划；横向则是由职能部门抽人组成的，按其专项任务分工的组织，这些组织中的人同时接受职能部门的主管和专项主管的双重指挥。这些纵向的矩阵型结构有机地结合在一起，互相配合，对学生工作进行综合管理。

在这种结构形式下，原有管理结构仍然是完整的，但实质上，管理结构的权力关系和它的各个部门的职责却发生了变化，即把作出决定的责任和对执行情况的监督归为专项工作组织，而职能部门则从系统所要求的信息、管理工作的实施和其他方面来保证系统实现其管理结果。学校领导则可从一些非原则性的日常问题中摆脱出来，并可以提高管理结构的中间层、较低层次的灵活性和对解决问题的质量的责任感。

在具体机构设置方面，我国各大学的学生管理机构设置是多种多样的。传统的机构设置方式是党委、行政并行发展。有的学校在党委领导下设立学生工作部作为党委管理学生工作的职能部门，力图把学生管理工作统一抓起来。但由于学生工作部是党委分管思想教育的职能部门，不具备行政管理功能，因此，招生、学籍管理、毕业分配等具体的学生管理工作仍需由行政系统的教务处、人事处等负责，结果形成一场学生管理"接力"，教务处负责把学生招进学校，然后学生工作部组织实施思想政治教育，最后人事处来进行分配。

有的学校则设立学生工作处作为分管校长下属的从事学生管理工作的职能机构，把学生从入校到毕业分配全过程的管理工作统一起来。但在目前我国高校实行的校长分工负责制体制下，设置学生工作处也未能解决思想政治教育与管理工作脱节的问题，而且有时还会以管理代替教育，削弱学生的思想管理工作。因此，有的学校直接采取学生工作部与学生处并存，甚至采取合二为一的机构设置方式。这样的机构设置，从整体讲，学生工作高度集中统一，思想教育与学生管理融为一体，工作效能比较高。但是，这种党政合一的机构设置也存在某些不合理因素，而且作为一个职能部门，试图把分散、多头的学生管理工作统一起来，在客观上仍然是较难做到的。

在最近几年，有的大学出现了由党委和校行政委派组成的一个专司学生工作的综合性机构——学生工作委员会。它的主要职责是对学生管理工作进行整体协调，对学生的思想管理、学籍管理、行政生活管理等管理工作进行决策，对学生工作的经验进行总结、交流、推广。在学生工作委员会下设办公室（或学生工作处）作为自己的办事机构，通过该办事机构使学生工作委员会这个综合性机构处于相对稳定状态，把各职能部门所承担的学生管理工作整体化，形成一个紧密联系的、封闭的管理体系。

根据这一指导思想，各系成立相应的学生工作领导小组，全面领导和协调本系范围内的学生管理工作，各年级成立由辅导员、班主任及有经验的任课教师参加的学生工作小组，协调本年级的学生管理工作。通过校、系和年级学生工作委员会和领导小组的作用，把传统的以纵向直线为主的管理系统，分层次地从横向上联系起来，形成学生管理机构的矩阵结构体系。部分大学经过实践，感到这种学生管理机构设置有四个方面的好处：第一，符合简政放权原则；第二，学生管理工作有了一个强有力的统一指挥机构，整个学生管理工作的计划、实施、检查、总结成为一个体系，符合科学管理原则；第三，大大减少了管理上的一些不好现象，符合高效管理原则；第四，信息反馈比较灵敏而且方向稳定。

学生管理工作委员会与职能部门固定机构相结合的大学生管理机构设置，在实践中表现出它的优势，很可能是我国大学生管理机构设置的发展趋势，如何充分发挥所设学生管理机构在新时期大学生管理工作中的作用，还有待于在管理实践中不断完善。

第二节　高校学生管理工作队伍的建设

　　大学不仅要有高效合理的管理机构，严密有效的规章制度，更要有一批精明能干的管理干部，依靠他们的积极性和创造精神去工作，有了这样几方面的完美结合，大学生的管理工作才能取得理想的管理效果。可以说，管理大学生一切工作的支撑点在于管理干部。最大限度地调动和发挥广大学生管理干部的能动性，形成目标高度一致的管理工作集体，组织以人才培养为中心的协调的、高效率的、有节奏的管理活动，是大学生管理工作的实质，其核心是建设一支素质高、结构合理、战斗力强的大学生管理队伍。

一、高校学生管理队伍建设的意义

　　（1）在管理的本质和职能的体现上，大学生管理队伍起着决定性作用。大学生管理是高等学校管理工作的主体，是从管理上保证高等学校完成培养四化建设合格人才的一项系统工程。它直接关系到学校的安定团结，关系到正常秩序的建立，关系到能否教育学生抵制错误思潮和不良风气，以建立良好的校风学风，促进学生健康发展，自觉成才。

　　高等学校学生应当具有坚定正确的政治方向，热爱社会主义祖国，拥护中国共产党的领导，积极参加社会实践，走与工农相结合的道路；应当具有为国家富强和人民富裕而艰苦奋斗的献身精神；应当遵守法律、法规、校规、校纪，有良好的道德品质和文明风尚；应当勤奋学习，努力掌握现代科学文化知识。这体现了社会主义大学生管理的本质，适应了社会主义政治、经济对大学生管理工作的要求。

　　然而，学生管理的社会主义方向能否坚持，管理目标能否实现，直接起决定作用的是管理干部。由于大学生管理是以人的集合为主的系统，其管理工作充满着教育的特点，因此，管理干部在学生从入学到毕业的在校阶段的学习、生活、行为的全过程中发挥着不可替代的组织、领导、督促检查、控制、协调、指导帮助和激励、惩罚等方面的决定性作用。可以说，在学校这个培养人才的系统中，无论从诸因素的相互关系去分析，还是从各个工作环节去分析，作为以教育者为主体的管理干部，始终处于主导地位，涉及学生成长的一切工作是通过他们进行的，学校工作的成果，培养人才质量的好坏，归根到底也有依赖于他们。当前，随着改革开放不断深入，各种文化思想、新旧观念的冲突，造成了部分学生思想的不稳定，因此，加强科学管理尤为重要。而管理干部，特别是领导干部在体现大学生管理的本质和职能上起着决定性的作用。

（2）在学校人才培养目标的实现和各种教育要素的构成上，管理队伍起着骨干作用。学校工作应以培养人才、促使青年学生健康成长为中心。大学生管理的目的也在于全面实现高等教育的目标，概括讲，就是提高管理水平，促进人才素质的提高，使大学毕业生能主动适应社会主义现代化建设的需要。

大学生管理的基本要素有四个：一是管理对象，二是管理队伍，三是管理内容，四是管理手段。在四个要素中，虽然管理对象是管理活动的主体，但是开展管理活动的主力却是管理队伍。管理对象要靠管理队伍教育培养，管理内容要靠管理者去制定，管理手段要靠管理队伍去运用和改革。任何先进的管理手段，都只能作为辅助工具，不能代替管理队伍。

换言之，学校的一切工作，包括正常的教学、生活秩序的建立和维护，学生良好行为习惯的养成，严谨、科学、优良作风的培养，德、智、体诸方面的全面发展，都需要管理队伍去精心决策、计划、组织、指挥和控制。而且，随着国家建设的需要，高等学校培养人才的任务日益繁重，可以说是以往任何时期不能比拟的。而改革过程中新旧体制胶着对峙的状态导致不同社会利益矛盾大量存在，有的还趋于表面化，最突出的问题是形成了议论多的难点、热点。这些改革动态过程中出现的问题，无一不在社会的晴雨表——大学生身上反映出来，国内国外各种势力也都把自己的希望集结在大学生身上。所有这些都增加了大学生管理工作的复杂性和困难性，因此，时代对大学生管理队伍的要求也越来越高，大学生管理队伍在学校人才培养目标的完成上的作用也越来越重要。

（3）在大学生管理规律的掌握和管理原则的贯彻上，管理队伍发挥着主导作用。管理队伍对管理的本质和职能的决定作用，以及完成管理任务时的骨干作用，都是管理队伍在大学生管理工作中的主导作用的体现，而发挥管理队伍在培养人才工作中的主导作用，又是管理过程中掌握管理规律和贯彻管理原则的需要。

管理过程是学生在管理工作者指导下认识客观世界的一种特殊的认识过程。在此过程中，存有多层次多方面的关系、矛盾、规律，而管理队伍与学生两方面的活动乃是管理过程中最主要的活动，发挥管理工作者的主导作用和调动学生自我管理的主动性和积极性乃是主要矛盾和主要规律。尽管管理过程中还有其他各种关系，诸如思想管理、行为管理、智育管理、体育管理、美育管理方面的关系，管物与管人的关系，学生管理与教师管理的关系，管理者的素养与管理效果的关系，管理效果与管理者对大学生心理特点、思想特点认识程度的关系，以及宏观方面的学校教育和学生管理与外部世界的关系等，但是，这些关系、规律都是从属于管理过程的总规律的。为了正确地反映和掌握这些规律，实现一定的管理目的，管理工作者经过长期的探索，提出了一系列管理原则：诸如为社会主义现代化培养合格人才的原则，实事求是、一切从学生实际出发的原则，系统综合管理原则，管理与教育相结合原则，民主管理原则等。

在这些原则中，发挥管理工作者的主导作用和启发学生的主动意识，与培养学生自我管理能力相结合应成为中心环节，而在管理工作者与学生这对主要矛盾中，管理工作者又是矛盾的主要方面，因为这些原则的贯彻归根到底还要靠管理工作者去发挥主导作用，还要靠管理工作者全面掌握和运用，进行创造性劳动，去启发学生配合管理，积极主动地按照德、智、体全面发展的人才标准进行努力。

（4）在改革开放时期，大学生管理队伍发挥着特殊作用。高等教育的培养对象不同于普通教育，大学生的生理特点和心理特点不同于中学生，他们的心理特点和思想特点是由他们所处的社会环境和他们的地位的变化、学习活动的变化以及生理变化所决定的，社会政治、经济乃至社会舆论和社会生活方式对大学生的影响是很直接、很密切的。

社会主义新时期的大学生管理工作已不是一般地培养良好思想、良好行为习惯，而且还担负着系统地向学生进行马克思主义教育，特别是辩证唯物主义和历史唯物主义教育，坚持正确的导向，不断提高学生的政治免疫力，努力创造良好的内部环境的重任。在加强对学生思想教育的同时，要严格大学生管理工作，使学生不断增强历史责任感。显然，在社会主义新时期的大学生管理工作中，管理工作者不仅在提高教育质量方面发挥着普遍作用，而且还日益显示出在学生成才导向方面的特殊作用。所有这些都充分说明建设一支各方面素质良好、战斗力强的学生管理队伍，是办好社会主义大学的一个重要措施。

二、高校学生管理队伍组织建设

目前，在我国高校中直接从事大学生管理工作的队伍主要由年级辅导员和班主任组成。年级辅导员大都由青年教师或少量高年级学生、研究生来担任，其中包括一部分专职从事思想政治工作的青年干部，班主任则全部由教师担任。另外，在校、系两级还分别有一部分干部专职从事大学生的学籍管理、行政人事管理和思想管理工作，他们分别在大学生管理机构中担任一定的职务或是作为具体的工作人员。

从整体看，从事大学生管理工作的这支队伍，熟悉业务、熟悉学校环境、熟悉整个大学生管理工作规律，熟悉学生生理、心理等方面的特点，而且有干劲、有热情，能积极开展学生管理工作的研究，在学校管理工作科学化、规范化、现代化等方面不断跨出新步伐，取得新成果。但是从目前实际的学生管理情况和新时期国家对大学生管理工作的要求来看，这支队伍仍明显不适应需要。

高校的学生管理工作，除专职的学生管理工作者外，广大的业务课教师以及学校行政、教辅人员，也应是此项工作的承担者。不管教师或教辅、行政人员本人是否认识、是否承认，"教书"以及学校的其他管理工作都在起着"育人"的作用，都对学生思想品德、言行情操起某种规范、导向作用，这是不以人的主观意志为转移的客观规律。但由于各种原因，高校专业课教师中，能比较经常、比较自觉地管理教导的人还是少数，大部分人除了上课，其他管理、教育工作都推给了学生管理干部。由于高校学生管理工作队伍的力量是如此，也就不难理解高校学生管理工作为什么容易出现某种程度的宏观失控、微观紊乱的局面，也就不难理解大学生管理工作为什么多年来成为牵动全局的大问题。

加强专职学生管理队伍的建设,并不是简单地追求数量的增加。正确的方针应该是在保证相当数量基础上的少而精,使学生管理干部向这方面的专家方向发展。因此,要纠正过去那种认为学生管理干部只要能领学生劳动、打扫卫生就行的错误思想,要纠正把学生管理干部当成"万金油"的错误倾向,有必要对高校现有的专职管理队伍进行适当的调整充实,对一些政治上、思想上不合格以及部分能力偏低、难以胜任工作的人另行安排工作,把那些有事业心、有组织能力,政治觉悟高、业务好的同志充实到学生管理工作岗位上来。

同时,要积极从高校的学生管理专业、第二学士学位班中培养专职学生管理干部,从优秀的毕业生或研究生中选留有志于学生管理工作的同志充实管理队伍。加强专职学生管理队伍的建设还要求建立独立于专业教师外的专业技术职务晋升体系,大胆果断地破格提拔他们当中的优秀分子,放到工作第一线的关键位置上去锻炼,使他们从亲身的工作中体验到成长和进步,一旦这样的机制形成后,这支队伍就会越来越精,越来越强。

建立一支专职的学生管理队伍,能保证大学生管理工作的连续性、稳定性。但是,学生管理工作是多因素、多序列、多层次结构的综合体,与过去相比,管理的内容和形式都发生了很大的变化。可以说,一个学校,只要有学生,就有管理工作。无论从时间角度,还是从空间范围而言,学生管理工作无处不在、无时不有。显然,学生管理任务单靠少数专职管理人员是很难完成的,因此,必须建设一支宏大的兼职学生管理工作队伍。

所谓兼职学生管理工作队伍,主要是指由专业教师或其他职工兼任的年级辅导员、班主任、学生导师,一般做法是从本校教师中,也可从研究生或本科高年级学生中以及学校其他政工干部或管理干部中选拔聘任。教师兼职从事学生管理工作,不但是因为他们与学生有天然的师承关系,对学生有较大影响力,而且他们在与学生的接触中,能及时准确地掌握学生的思想、情感、个性等方面的变量,可以从管理的角度给学生指点方向。因此,把学生的教育管理工作渗透于业务教学之中是完全可行的。

高等学校职工,尤其是直接接触学生部门的职工,在某种意义上都是大学生的管理者。这些职工若都能配合学校的管理目标,从各自的工作实际出发,协助做有关的学生管理工作,那就会使管理队伍在更广阔的领域得到延伸,使其成为学生管理工作的新"能源"。

现在关键的问题在于,高校必须用政策去调动广大专业教师和其他职工兼职从事学生管理工作的积极性,调动他们教书育人、管理育人的工作热情。因此,高校必须在具体工作中,真正体现出在工作的评估、职务的聘用上,把是否兼职从事学生管理工作,以及是否教书育人、管理育人作为一个硬性指标,既有定性的评估,又有量化的考核,以此激励广大教职工积极投身到学生管理工作中去。

加强大学生管理队伍的组织建设,还意味着要加强有着浓厚学术性的学生管理、咨询、研究力量的配备工作。这些工作既要面对学生中涉及的政治、历史、人生观、价值观和精神卫生、行为规范的问题,又要为学校领导做好调研工作,起到某种智囊团的作用,即通过他们自觉地用党的方针政策、用教育理论和教育科学衡量学生管理工作,促使学生管理工作科学化,并经常研究学生管理工作的周期性、规律性,促使学生管理程序规范化,以取得最佳管理效果的方法来改进管理过程。这一方面的力量主要应来自有相当理论基础的教师和有丰富学生管理经验的专任干部。

三、高校学生管理队伍制度建设

高校学生管理队伍制度要求为大学生管理工作的高效、高质开展提供了人员、队伍方面的保证,可以说,它完成了大学生管理队伍建设方面的"硬件"建设。但是,一支优质的大学生管理队伍,还要靠不断提出新的要求,制订工作规划,进行组织培养,才能不断提高管理队伍的思想水平、管理能力和学术水平。因此,必须加强大学生管理队伍建设方面的"软件"制度建设。

长期以来,许多地方和学校对大学生管理队伍的制度建设并未给予足够重视,认为有没有制度都可以工作。因此,在学校里普遍存在大学生管理干部定编紧、补缺难、提升慢、待遇差的状况。而且,大学生管理工作缺乏明确的工作目标和职责范围,人们往往把任何与学生沾边的工作都推给大学生管理干部承担,结果造成工作任务分配不均衡。学生管理干部整天忙于应付各种差事,很难集中主要精力研究如何改进、提高学生管理工作。

为适应新形势对大学生管理工作的要求,必须确立大学生管理队伍的职责范围,建立有关规章制度,使大学生管理队伍建设规范化和科学化,使大学生管理工作在最有效的、最可靠的、最佳的状态下进行。

大学生管理队伍的制度建设包括的内容有:大学生管理干部工作岗位责任制度、大学生管理干部工作评价监督制度、大学生管理干部的晋升考核制度、大学生管理干部的培养进修制度、大学生管理干部的淘汰制度等。这些制度中,工作岗位责任制度和评价监督制度必须首先明确。

(一)高校学生管理队伍的岗位责任制度

大学生管理队伍的工作岗位责任制度就是把学生管理工作的有关规定、要求、注意事项具体落实到每个管理者的一种责任制度,它使得每个管理工作者都有明确的分工和职责,并可为评价每个管理工作者的成绩提供依据。

各层次的大学生管理队伍的工作岗位责任可大致划分以下几处,具体内容如下:

校学生工作管理委员会主任肩负着统一指导和协调全校学生管理工作的重任,他要根据学校党委和行政学期工作计划,制订全校学生工作的学期计划,同时在学期内根据不同年级的不同特点,对阶段性的学生管理工作进行组织、安排和实施;定期分析学生思想动态,为党委和校长对学生管理工作的决策提供准确的材料;安排全校学生管理干部培训,并与人事处一起组织和落实学生管理干部的专业职务评定工作;根据全校学生管理工作的总体要求,协调全校各部门学生的思想教育、后勤服务、学籍管理等工作。

校学生工作委员会办公室(或学生处)主任在学工委领导下主管全校学生行政管理和思想教育工作。根据学工委的决定协调有关管理机构的学生管理工作,并积极配合、组织和检查基层学生管理工作;负责奖学金、贷学金的管理、评定、调整和发放;主管招生和分配工作;协助教务处进行学籍管理,办理退学、休学、复学和转学手续;检查和维护教学、生活秩序和纪律;统一处理学生来信及来访工作;掌握全校的学生统计工作。

系学生工作组组长在系党总支和系主任领导下，组织实施学生的学习活动和学生管理；认真组织和安排好政治学习和形势教育任务；抓好学生中党团的思想建设和组织建设；指导和支持年级辅导员、班主任开展工作；协助班主任做好学生操行评定、"三好"评比工作和毕业生分配工作，并努力掌握学生思想特点和发展变化规律，探索学生管理工作的经验。

年级辅导员负责统筹本年级或本专业学生日常思想政治教育和有关的学生管理工作，在系党总支领导下，组织好年级学生的政治形势教育、新生入学教育以及学生在劳动、实习、军训、毕业分配中的思想政治教育工作；负责协调安排本年级学生的社会实践及课外公益等活动；根据本年级具体情况，制订学期工作计划，指导、检查班级计划实施情况；对学生的升留级、休学、复学、退学、奖惩、奖贷、品德评定、综合测评、毕业分配等工作提出具体意见；开展对工作对象、任务、方法等课题及有关理论的科学研究工作。

班主任是学校委派到班级指导学生学习，负责学生管理工作，并配合党团组织和年级辅导员开展学生思想教育和管理工作的教师。班主任要坚持四项基本原则，用爱国主义和共产主义思想教育学生；引导和督促学生，指导班级开展各种学习活动，帮助学生改进学习方法，不断提高学习效率，并起好教与学之间的桥梁作用；全面了解和掌握学生情况，做好本班学生的品德评定，德、智、体综合测评，评定奖学金、贷学金、困难补助、年度鉴定及毕业生鉴定等工作，做好班干部的选拔、培养和指导工作；指导学生的课余生活，加强学生的集体观念，培养团结向上的好班风。

导师由忠诚于人民教育事业、责任心强、品德高尚、教学经验较丰富、学术水平较高的讲师以上教师担任。导师工作侧重于学生专业学习的指导和学术思想的熏陶，兼顾思想政治教育工作，努力把思想政治工作深入专业学习的全过程，在对学生专业学习启发指导的同时，进行思想政治上的疏导；发现和推荐优秀学生，并向系提出破格培养的建议；全面关心学生，每年对所指导的学生进行考核，写出评语。

在建立具体的岗位责任制度时，应详细说明某一职位的大学生管理干部在任期内必须开展的工作有哪几方面，每一项工作要达到什么程度。而且，这些内容必须是有实践基础的，必须切合实际。

（二）高校学生管理干部的评价监督制度

开展大学生管理干部的评价监督具有多方面的作用：首先，确定大学生管理工作的质量标准，建立科学的评价指标体系；其次，评价监督制度能使大学生管理干部找出差距、增强自我调节的机能，在优化整个大学生管理工作的同时，发挥自己的特长和优势，努力创造出管理工作的新水平；再次，它能调动大学生管理干部的工作热情，促进职能部门之间的竞争，有力地调动大学生管理干部的积极性；最后，实行评价监督制度能够为决策机关在决定管理工作者的职务晋升、薪金（包括奖金）调整、人事调动时提供科学合理的依据，避免凭个人印象决定、论资排辈依次轮流等不合理做法，从而提高大学生管理干部的工作积极性。因此，无论从加强管理队伍建设方面说，还是从强化管理工作者的素质、能力和工作责任感说，都必须积极开展管理队伍的评价监督工作。

开展大学生管理干部的评价监督工作，最关键的是建立有量和质概念的管理工作评价监督体系。一般而言，建立该体系应遵循以下几条原则：

（1）方向性的原则。评价干部的目的在于促进大学生管理工作的规范化、科学化，引导大学生管理干部立足现象，顾及长远，为培养社会主义建设所需的专门人才这一总目标高速、高效、高质地工作，力争大学生管理工作的最优化。

（2）可比性的原则。即评价的对象及其评价项目的确定必须有可比性，使评价项目有着基本相同的基础和条件，使各人之间可以按评价项目进行量和质的比较；同时，评价指标本身要尽可能量化，以期在更细的程度上求得同质和可比。对难以量化的指标则进行定性评议，使定量评价和定性评价有机结合起来，从而尽可能真实地反映出一个人的工作状况。

（3）科学性的原则。评价指标体系应能客观、真实、准确地反映各管理干部工作现状、成绩和水平。各级管理干部的管理工作相对独立而复杂，如年级辅导员，其工作范围非常广泛，建立指标项目不可能面面俱到，只能抓辅导员职责范围中的主要工作和集中反映辅导员工作成绩和水平的重要环节。

（4）可行性的原则。大学生管理干部工作评价指标体系应在不妨碍评价结果的必要精确度和可能性前提下，尽可能做到简要明白，简便易行，从而便于评价人员掌握和运用。

根据上述几条原则即可制定出一份与大学生管理干部岗位责任制相符的、定性定量相结合的、侧重于定量的评价指标体系，并要求各层次干部按其职责和评价目标开展工作，尽职尽责地把工作做好，这是开展评价活动的出发点和最终目的。

第三节 高校学生管理工作者的素质研究

一个学校，能否把学生培养成为充满朝气的，有开拓和创新精神，德、智、体全面发展的"四有"人才，在很大程度上取决于各级学生管理干部的素质。高校需要那些能够遵循教育规律，按照党的方针政策办事，熟悉大学的教育、教学活动和学生思想状况，具有一定马列主义素养，掌握一定的专业知识、管理知识、教育管理知识，作风正派，处事民主，事业心和责任感强，大公无私，富有创造精神、科学精神和自我牺牲精神的德才兼备的管理工作者来进行管理。因此，必须大力加强学生管理队伍的素质培养，努力建设一支思想过硬、作风扎实的科学化、高效率的学生管理队伍。

一、大学生管理工作者素质修养的重要性

随着社会政治经济环境的不断变化，不仅引起了人们经济生活的重大变化，而且也引起人们生活方式、思维方式和精神状态的重大变化。这些变化促使高校学生管理系统中两个活跃因素——管理干部和青年学生空前地活跃起来，形成了管理活动中最有生机而又不甚稳定的因素。

随着现代科学技术文化的迅速发展，诸如网络等社会传播媒介的作用不断加强，高校学生管理活动也将受到越来越大的冲击。在这种形势面前，若只用传统的管理思想、管理方法、管理手段去进行经验管理，势必会遇到不可克服的矛盾，因此，高校学生管理工作者必须加强素质修养，完善自己的知识结构，

更新工作理念，改进工作方法，以提高管理效果。①

（1）大学生管理工作是培育人的工作，必然要求管理工作者首先具有较高的素质修养。高校的根本任务就是为社会主义建设培养大量德、智、体全面发展的人才，毕业生将成为社会主义建设各条战线上的骨干力量，他们的政治思想素质、精神状态将决定国家和民族的未来。大学生管理工作者和教学工作者一样都肩负着重要的使命，广大管理工作者必须善于研究学生思想和行为的活动规律，既要善于掌握学生共有的思想活动规律，又要了解不同学生不同的思想活动规律；既要了解学生共有的心理活动，又必须了解不同学生千变万化的心理活动，并根据学生思想和心理活动的共性和特性，有的放矢地开展管理、教育工作。

显然，大学生管理工作比一般管理工作复杂得多，也困难得多，它必然要求学生管理干部有较高层次的素质修养。如果他们的水平跟不上实际需要，他们在学生中的威信就不会高，工作也将难以开展。任何管理工作都需要特殊本领，有的人可以当一个最有能力的革命家，却完全不适合做一个管理人员。要管理就要内行，就要精通生产的一切条件，就要懂得现代高度的生产技术，就要有一定的科学修养。一个好的业务教师不一定是个好的管理干部，而一个好的管理干部必须是一个好的教师。因此，管理工作者一方面要进一步提高对管理工作的认识，下决心选拔品学兼优的毕业生和业务教师来充实管理队伍；另一方面管理工作者要加强素质修养，努力学习掌握自己所从事工作必需的科学知识和业务知识，并逐步精通、掌握其客观规律，成为学生管理工作的专家。

（2）学生管理是个"言传""身带"的过程，必然要求管理工作者全面加强素质修养。在学生管理工作中，"言传"是很重要的，如果没有马克思主义的基本理论和党的教育方针以及有关大学生管理制度、规定的宣传、教育，就不可能有学生的自觉的规范行为。

但是，大学生管理系统作为"人—人"管理系统，与"人—机"系统的根

---

① 王凤彬，李东.管理学[M].北京：中国人民大学出版社，2000.

本区别在于，它的工作对象是一个个有思想、有个性的朝气蓬勃的青年人，青年人的特点是都愿意获得教益，"身教"重于"言教"。如果没有管理工作者的率先垂范，身体力行，"言教"就成为"说教"，就不可能有多大的效果。因此，学生管理工作者不仅要具有较高的思想理论素养，而且还要有良好的作风和品德修养，在这些综合素养基础上形成自己的人格魅力，来吸引学生、教育学生，真正使自己既是教育者又是实践者，从而达到良好的管理效果。

由此可见，一个十分注意自己的思想意识和道德品质修养，注意理论学习和吸收新的知识，不断地改造自我主观世界，不断完善自我知识结构，不断改善管理工作方法的人，必然是一个深受广大学生欢迎的、卓有成效的管理工作者。

（3）新形势、新环境下的学生管理工作，必然要求管理工作者的素质修养具有时代精神。应当承认，在改革的时代，许多新的管理内容、管理形式和管理方法，在还没完全学会的时候，实际生活又为我们提出了许许多多新的理论、新的问题需要去探索。管理者的管理对象也在发生变化，现代的大学生较以前年代的学生来说，他们的政治素质、文化水平、专业知识正在不断地变化和提高，他们对社会生活的介入越来越深，他们的思想、观点及成果同社会进步、国家兴衰有着至关重要的联系。因此，这种情况给大学生管理工作带来了一定的难度，需要他们进一步加强管理的预见性、警觉性、原则性、示范性，需要更新观念，跟上时代，增加知识，提高本领。

目前，党和国家要求大学生管理工作要联系实际，要渗透到专业教学中去，使行为规范化成为学生的自觉行为，要和思想教育紧密结合，要努力创造一个和谐、健康、向上的育人环境，要有处理突发事件的能力等，所有这些，都使大学生管理工作具有很大的开拓性。毫无疑问，这对大学生管理工作者的素质修养提出了更高的要求。

应当说，大多数学生管理工作者是具有良好的素质修养的。但是，即使是对马克思主义理论已经了解比较多的，无产阶级立场比较坚定的人，也必须要再学习，要接受新事物，要研究新问题。提高素质修养是永无止境的，大学生管理工作者要以一个日益发展的现代世界为坐标来看待人们素质修养的提高，要及时调整工作姿态和知识结构，及时而科学地吸收人类创造的精神文明，使自己具备自我调节、变革自身的能力，不断地进行素质结构的新陈代谢，具有强烈的时代精神，在提高学生的思想、政治、文化素质方面积极地发挥应有的潜能作用。

二、大学生管理工作者提高素质的基本途径

加强学生管理工作者的基本素质培养，不仅是个人修养问题，而且还直接关系到这支队伍的管理效果和威信。因此，提高学生管理工作者的素质修养，是高等学校的一项长期任务，也是加强学生管理工作，更好地培养"四有"人才的当务之急。

要提高学生管理工作者的素质，使学生管理工作提高科学化水平，除了需要管理工作者本人勤于读书，勇于实践，善于总结，不断追求素质的自我完善外，更需要各学校从战略高度认清提高学生管理工作者素质修养的意义，积极探索能达到目的的有效途径。

（一）开展全员培训

学生管理工作涉及因素很多，是一个复杂的大系统。要完成这种具有强烈的科学性和探索性的学生管理任务，学生管理工作者的素质从总体上来说，就不能仅仅具有文化知识和一般的管理经验，而且还应具有相当高的管理科学、教育科学以及有关学科的理论素养，具有一定的科学研究的实践锻炼，具有一定的调查研究、系统分析、理论研究的能力。

要想提高大学生管理工作者的素质，必须通过全员培训的途径，对在学校中从事学生管理工作的干部，不论何种学历、职务、年龄、职别，不论在何种岗位，都要无一例外地进行管理素质的培养、提高。首先，全员培训包括上岗前的基础培训，这是为取得学生管理岗位资格服务的；其次，经过一段管理实践之后进行人员的培训，以便从广度和深度两方面增加管理业务知识，进一步提高管理水平；最后是研讨性的培训，主要用以解决知识和理论的更新问题，通过研究讨论，促进学生管理工作者素质的提高。

（二）应用理论学习与研究实践相结合的方法

理论学习与研究实践相结合的方法，要求学校一方面能提出学生管理工作中需要探索研究的课题，鼓励广大学生管理工作者踊跃选择课题，组织立项研究，并对立项研究的课题提供必要的理论书籍、文献资料，为学习有关理论创造必要的条件；另一方面，制定学生管理改革的研究立项和研究成果的评审、奖励制度，在评定优秀成果时，要审查其立论的理论依据以及理论飞跃的科学性，以此激发广大学生管理工作者有针对性地学习有关科学理论的积极性。另外，还可经常开展理论咨询、讨论等多种活动，组织学生管理工作者分析学生管理过程中出现的实际问题，总结实践经验，进行理性概括。这样，就有可能通过研究实际问题提高学生管理工作者的理论修养和各方面的素质水平。

（三）加强考核制度，实施奖励政策

对学生管理干部要定期考核其管理知识和相应的专业知识，考核其管理工作的技能和管理实践能力，形成其不断提高自身素质修养和管理水平的外在压力，对于一些在学生管理岗位上进行学生管理研究并取得成果，同时在管理实践中做出成绩的同志，授予相应的技术职务，对干部晋升，不仅依据其已有的工作成绩，而且还要有高水平的综合素质修养要求，并以此来测定和推断其对新的重任所可能承担的最大系数。对在学生管理领域的研究工作中取得显著成绩和优秀成果的管理工作者，应与取得其他科研成果的工作者同等对待，给以相应的表彰和奖励。

三、大学生管理工作者的素质要求

（一）具备思想政治素质

这是高校学生管理工作者应该具备的最基本的素质，具体包括以下几个方面：

（1）立场问题。所谓立场就是一个人在观察和处理问题时所处的地位和所抱的态度。学生管理工作者所从事的大学生管理工作是培养人才的工作，是一项政治性很强的工作。因此，学生管理工作者必须坚定地站在无产阶级立场上，忠诚党的教育事业,全心全意为人民服务;必须在思想上和政治上与党中央保持一致,做好学生的教育和管理工作。

(2)思想观点。它与立场是统一的,一定的立场决定一定的观点。只有确立坚定的立场,才能更好地去观察、研究和解决问题。这就要求其必须树立正确的思想观点,坚持全心全意为人民服务,以党的群众路线为基本观点,这是做好学生管理工作的可靠的思想前提。

(3)政治品质。其主要表现是:忠于党和人民,在任何情况下,坚持革命原则,对人对事不带个人成见,不以个人好恶为转移,襟怀坦白,光明磊落。有没有高尚的政治品质对于学生管理工作者来说不仅涉及个人的组织性修养,也直接关系到能否按党的政策,把广大学生的好思多学的积极性引导到正确的轨道及团结到党的周围。

(4)政策水平。主要指认识党的政策、理解党的政策、执行党的政策的水平,就是能够按照党的政策结合学生实际情况正确区分和处理不同性质的矛盾,正确区分政治问题、思想意识问题、认识问题和一般学术问题的界限,有效地做好学生管理工作。

(二)具备知识素质

学生管理工作既有理论性又有实践性,管理的对象又是具有较高文化素质和丰富知识的青年学生,因此,大学生管理工作者在总体上必须有相当高的知识水平。具体来说,学生管理工作者的知识素质包括四个方面:

(1)马克思主义的理论基础。高等学校是各种政治思想、学术观点集中反映的地方,当代大学生往往又具有思想活跃、勤于思考等特点,他们愿意接受真理,但服理不服压,他们涉猎的知识面比较宽,但由于受社会阅历等限制,政策水平、理论修养、判别能力较低。

因此,学生管理工作者只有努力学习马克思主义基本理论,"不惟明字句,而且得精神",自觉而牢固地以马克思主义的立场、观点、方法去指导管理工作,才能在各种思想观点面前目光敏锐,明辨是非,站稳立场,也才能引导青年学生坚持四项基本原则、坚持社会主义的改革方向。

(2)学生管理方面的知识。要掌握一些管理的科学与艺术,掌握管理的技术和方法；要了解教育学、心理学、社会学等学科的知识，使自己具有决策、计划、组织、指挥等实际管理能力；强调管理方面的专业知识，就是要求"行管理"。学生管理工作者应努力学习，提高自己管理专业知识方面的基本素质，提高自己的管理才能，逐渐使自己成为合格的管理者。

（3）尽可能了解与学生专业有关的基础知识，掌握教学规律。有条件的还可兼任一些教学工作，如"两课"的教学或专业课的教学，从而有利于学生管理与业务学习有机地结合起来，并建立威信。

（4）与学生兴趣、爱好有关的知识，如文学、史学、艺术、体育等学科知识。当代大学生喜欢从一些人物传记、格言和文学艺术作品中找到自己的影子和楷模，学生管理干部运用这些东西可帮助学生加深对问题的理解，也能与学生有更多的共同语言，使管理工作更有成效。

（三）具备能力素质

这是指以马克思主义为指导，运用各种知识，独立地从事管理工作，开拓前进，解决现实问题的本领。对大学生管理工作者来说，他们的能力素质，最集中地体现在管理能力上。在复杂的环境下，这种管理能力在两方面表现得十分突出，具体如下：

一是综合能力。管理工作者面对的是为数众多、情况各异的大学生。这些大学生由于家庭环境、个人阅历、政治面貌、品质性格、志趣爱好以及年龄上的差异，他们对社会、学校、家庭等各种事物的反映也就不同，从而构成了千差万别的思想，并在学习、生活等方面反映出来。

二是分析研究能力，包括调查研究能力和理论研究能力。调查研究能力主要指深入学生之中，掌握第一手材料，经过分析和综合研究，全面掌握大学生情况的能力。理论研究能力主要是指结合实际工作独立进行分析研究，并使之上升到理论的能力。通过研究，找出管理工作的规律性东西，以推动学科的发展，指导管理工作。

（四）具备道德素质和性格修养

大学生管理工作者具备高尚的道德素质和良好的性格修养，不仅对做好管理工作本身大有益处，而且能够对青年学生产生教育作用，且其意义更为重大。学生管理工作者必须能为人师表，要谦虚谨慎，勤勉好学，实事求是，作风正派，办事公正，吃苦在前，享受在后，待人热诚，举止文明，从他们的言行中，广大青年学生就能汲取良好道德品质的营养。

高校学生理论水平较高，认识能力较强，他们对管理者的工作有相当的评价能力，从这种意义上说，学生管理工作者经常处于被彻底剖析、被严格监督的地位，经常会听到严肃的批评意见，有时也会产生歪曲的评价，因此，管理工作者只有胸怀坦荡，宽容虚心，经得起批评，才能增强管理工作能力。

第三章　高校学生管理工作的基础性探究

高校的大规模扩招，高校学生群体的日益壮大，高校学生的思想观念日益复杂，这些问题都给高校学生管理工作带来了新的问题和挑战。面对当前社会发展形势，如何调整传统的管理方法和管理模式是当前高校管理工作者面临的新课题。本章重点探讨高校学生组织与干部管理、高校学生制度与体制管理以及高校学生自我管理与民主管理等内容。

第一节　高校学生组织与干部管理

一、高校学生组织

（一）高校学生组织的意义

组织是按照一定的目的和系统组织起来的团体，或者说把具体任务或职能相互联系起来的整体。其是按一定的目标所做的系统的安排，包括权力分配与责任划分、人事安排与配合，以便达到共同的目的。[1]

无论是正式组织还是非正式组织，尽管其结构形式不同，活动内容也不同，

---

[1] 李正军. 高校学生管理工作概论 [M]. 保定：河北大学出版社，2002.

但它们仍有其共同点，即职责（或权力）等级和任务的分工，都是一种开放性的适应性的系统。

所谓高校学生组织是指专业、年级、班级等不同系统为培养德、智、体全面发展的建设者和接班人服务这样一个共同目的而组织起的领导团体，如学生党支部、团总支、学生会、班委会等。与其他组织相比，学生组织有其共同点，但更具有自身的特色。

第一，权力范围小。学生组织同样要进行职责划分和任务分工，但其权力范围要比一般组织小得多，不与社会生产及其他经济活动发生直接的联系。学生干部虽然参与政治和行政管理活动，但没有直接制定政策的法定任务和权力，主要是执行。

第二，成员变动大。学生组织成员变动较为频繁，任职时间最长的也只有三年或四年，一般情况下，任职时间为一至两年。这是由高校学制期限所规定的。

第三，系统性强。除了校级学生组织跨系统外，其他学生组织均以系、专业、年级和班级为系统建立，一般与高校党政组织设置系统相适应。

第四，服务性强。学生组织的主要任务就是贯彻、落实和执行高校党政领导部门所下达的各项具体任务，直接为学生的政治思想活动、业务学习活动、文娱体育活动等服务。此外，其服务性强还表现在，学生所做的工作只是奉献和义务，没有任何报酬。

第五，民主性强。通常情况下，学生组织都是由民主选举直接产生的，没有任命制，只是个别或少数的采用聘任制。

（二）高校学生组织的设置

高校学生组织的设置必须遵循这样两条原则：

第一，精干的原则。精干的原则是高校学生组织设置所必须遵循的。不然，很容易产生人浮于事的现象，从而造成人力、物力和财力的浪费，工作效率不高。但是把精干原则理解为越少越好，造成不能完成工作，同样不符合精干原则的要求。因此，必须正确理解精干的原则所包含的两个方面的含义，即质量和效果。所设置的学生组织，既要在数量上满足工作的需求，又要在质量上满足工作的需要。这里所谈的数量和质量又分别有两个含义：数量是指工作任务量和干部成员的多寡，质量是指干部成员的素质和完成工作任务的质量，二者必须有机结合。

第二，统一的原则。组织结构完整严谨，职责划分合理，内部分工明确，协调配合得当，是统一原则的主要内容。具体要求是：一是把同一类工作任务归口于某一学生组织或部门管理；二是专人专职负责，职责相称；三是指挥灵活，信息沟通渠道畅通；四是各部门之间经常性地交流信息、互相配合。

总之要做到高校学生组织设置科学、结构合理、上下沟通、信息灵敏，才能极大地提高工作效率，达到预期的目标。

具体来说，高校学生组织设置具体如下：

（1）学生党支部。高校一般是以专业来划分系（部）的，再根据招生规定划分不同的年级，年级下设学生班。高校建立学生党支部要与学生行政组织相对应，把党支部建立在系或年级或班上。这样与行政建制相对应建立起来的学生党支部，使党支部的成员与本班、本年级的同学朝夕相处，熟悉情况，有利于党支部在学校各项中心工作中发挥政治核心作用；有利于党支部起到党密切联系广大同学的桥梁和纽带作用，经常了解同学的思想状况，反映同学的意见和要求，有效地做好同学思想政治工作，进一步密切党群关系；有利于具体指导和帮助团支部、班委会开展工作，提高工作效率。

（2）团总支。一般来说，团总支以系（部）或年级为单位设置，团支部以学生班为单位设置。校团委的主要领导职务由专职干部担任，其委员大多由学生担任。团总支书记由青年专干担任，副书记和其他委员由学生担任。团支部书记和委员以及团小组长均由学生担任。各级团组织成员的多寡，可根据高校实际情况来配备。团总支在接受校团委领导的同时，还要接受系党总支的领导。

（3）学生会。学生分会以系（部）为单位设置，所有学生分会及下属组织的成员均由学生组成。校学生会除了接受校学生工作处（部）的指导外，还要接受校团委的指导和帮助。学生分会和班委会分别要接受团总支和团支部的指导和帮助。

（三）高校学生组织的作用

高校学生干部不是自发产生的，而是根据共同目标，按照一定的原则，在学校党委和各级党组织考察和培养的基础上，由广大同学或代表推选出来的。他们是贯彻执行党的教育方针和学校党委的决议和意见的骨干分子。他们的工作是高校党的思想政治教育工作的重要组成部分。

（1）高校学生党支部作为在学生中最基层的党组织，在贯彻执行党的路线、方针和政策的过程中，在发挥党支部的战斗堡垒作用和党员的先锋模范作用方面，在密切联系同学、经常了解同学党员对学校党组织工作的批评和意见、尊重同学的合理化建议、关心同学、爱护同学、帮助他们提高思想觉悟、努力学习方面，在教育和支持其他学生组织积极开展工作、努力为同学服务方面，在维护校规校纪方面等，起着十分重要的作用。

（2）高校共青团组织，是中国共产党直接领导下的先进青年的群众组织，是广大青年在实践中学习共产主义的学校，是中国共产党在高校中的得力助手和后备军，它的一切工作都是围绕党的中心工作开展的。在贯彻执行党的教育方针，把高校建设成为社会主义精神文明坚强阵地的工作中，在造就社会主义事业接班人的伟大工程中，在为我党培养和输送合格后备军的伟大实践中，有着其他组织不可替代的地位和作用。

（3）高校学生会是中国共产党领导下的中华全国学生联合会在高校的基层组织，是党联系广大同学的桥梁和纽带。它在团结教育广大同学为振兴中华刻苦学习、全面发展，维护校园安定团结、建设校园民主、丰富广大同学文化生活，维护广大同学的合法权益，用党和人民的要求规范同学的行为，培养广大同学的严格的组织纪律性等方面，同样有着不可替代的地位和作用。它是高校思想政治教育工作的重要组成部分。

高校学生干部生活于广大同学之中，与广大同学有着密切和最广泛的联系，最了解、最清楚、也最易于掌握同学的思想状况。因此，对于广大同学来讲，学生干部最有发言权。但了解同学不等于就能当好学校党的工作的得力助手。学生干部要充分发挥学校领导联系广大同学的桥梁和纽带作用，当好助手，必须做到：主动关心同学的学习、工作和生活，注意倾听他们的呼声，并及时向学校各级组织反映。对于广大同学正当的需求，要尽最大的努力去满足；对于不正当的或暂时不能满足的需要，要耐心细致地加以解释，做好思想政治教育工作。

二、高校学生干部管理

（一）高校学生干部与高校学生干部工作

帮助学生干部认识自己所扮演的角色及其特点，有助于其带头作用、骨干作用和桥梁作用的发挥，把同学紧密地团结在一起，勤奋学习，刻苦钻研，锐意进取，成为社会主义建设事业的合格人才。

1. 高校学生干部

（1）学生干部的含义。

高校学生干部虽然与一般领导干部有着较大的区别，但仍然具有一般领导干部的本质属性。因此，高校学生干部就是充分调动学生的积极性和创造性去努力实现培养德、智、体全面发展的建设者和接班人这一宏伟目标的集体成员或个人。

（2）学生干部的特点。

一是队伍庞大。依据高校学生组织的设置要求，所配备的学生干部人数众多，一般要占学生总人数的三分之一以上。这一特点是由高校学生活动内容广泛而丰富的内在联系所决定的。

二是人才齐备。高校学生干部是经过高考筛选后再筛选，来自全国各个地区的学子，有能歌善舞的，有酷爱美术和体育的，等等。这为高校学生干部顺利地、生动地开展工作，带来了一个十分优越的条件。

三是热情高涨。高校学生干部都是20岁左右的热血青年，体力、精力充沛，思想上对未来充满十分美好的憧憬，敢想、敢说、敢为。

四是贴近学生生活。由于客观环境的作用，使得高校学生干部始终与学生同吃、同住、同学习，朝夕相处，形影不离。学生干部最了解学生，学生也最了解学生干部。学生干部的举动，学生都看得清清楚楚，这给学生干部工作带来了许多方便，可以使学生干部及时地了解同学的利益要求、思想动态等，以便制订出有效的工作计划，采取有力的工作措施，可以使学生干部的工作直接地接受学生的监督和检查，及时修正工作中存在的不足或失误，以便把工作做得更好。

2. 高校学生干部工作

（1）高校学生干部工作的含义。

高校学生干部和高校学生干部工作是两个既有联系又有区别的概念，不能混为一谈。所谓高校学生干部工作是指高校学生干部运用一定的工作技巧和方法，按照一定的职责权利范围，充分调动本校或系或班或小组同学的积极性和创造性去努力实现培养德、智、体全面发展的建设者和接班人这一宏伟目标的过程。这个过程包括确立目标、预测决策、制订计划、指挥执行、组织协调、指导激励、沟通信息、监测反馈、过程调控、工作评估，等等。

（2）高校学生干部工作的特点。

一是执行性。高校学生干部和其他学生一样都是学生，处于受教育阶段，在法定方面上还没有承担高校管理决策的社会责任，同时尚缺乏应有的高校管理决策能力，因而，虽然要积极参与学校的管理活动，但不能做最后的决策。所以，高校学生干部工作的重要任务是贯彻执行和落实学校党政领导下达的各项工作任务。当然，在保证执行、贯彻和落实学校党政领导下达的各项工作任务时，要积极思考，富有创造性，采取各种行之有效的方式和方法去完成它。

二是广泛性。高校的一切工作都是围绕学生展开的，同时，又要通过学生干部工作这一环节落到实处，因而，高校学生干部工作必然要涉及高校工作各个方面，从而使其内容丰富而广泛。从总体上来讲，高校学生干部工作包括思想政治教育工作和日常事务管理两大方面。具体来说，在思想政治教育工作中，要组织经常性的大量党团政治活动，诸如政治学习、讨论，发展党员和团员，举行各种寓教育于活动的竞赛以及做好大量的经常性的个别思想教育工作等。在日常事务管理中，要抓校风校纪的建设、业务学习、文体活动、生活卫生等。

三是具体性。高校学生干部工作十分具体。例如，落实学校领导下达的开展"学雷锋户外活动"的具体任务时，学生干部要作出详细的计划和安排，把"学雷锋户外活动"的具体任务分派到人，并且自始至终地参加活动的全过程。

四是复杂性。高校学生干部所做的一切工作就是要求同学按照学校的要求和规范去做，而人的行为是受思想支配的，这就是说，要使同学能按照学校的要求和规范去做，必须做好同学的思想工作。人的思想活动具有极大的隐秘性，而要打开学生的心灵之窗并非易事。此外，年轻的大学生（当然包括学生干部本身在内）世界观还不成熟，还缺乏观察分析周围事物的正确方法，因而纷繁复杂的社会现象反映到学生脑子里，就会产生各种正确的和不正确的思想观念。要帮助同学去掉头脑中那些不正确的思想观念，就必须找到产生不正确思想观念的根源。然而，往往由于人的思想活动的隐秘性特点，很难做到这一点，因而使得高校学生干部工作呈现出复杂性。

五是周期性。由于高校学制的制定和学期的划分，相应地高校学生干部工作具有明显的周期性，且周期短，一般为一个学期或一个学年度。但是，研究学生干部工作的周期性时必须注意，这种周期性的活动不是简单的圆周运动，因此，每一个工作周期到来时，在认真总结经验的基础上，要不断地分析新情况，研究新问题，采取新的方式和方法做好新的工作。

3.高校学生干部工作是教学与管理工作的重要组成部分

（1）高校教学工作中不可缺少的部分。

教学质量与人才质量紧密地联系在一起，提高教学质量是高校的主要工作之一。加强教学管理是提高教学质量的有力保证，而高校学生干部工作是具体实施教学管理措施的有力保证。

第一，维护教学秩序。教学活动十分具体而又频繁，光依靠学生干事和辅导员以及任课老师远远不够，大量的具体细致的管理工作则依赖于学生干部。如果离开学生干部的努力工作，就很难保证教学活动的有序性和教学质量的提高。

第二，沟通教学联系。在教与学的过程中，一方面，学生们会时常碰到这样或那样的疑难问题需要解决，另一方面，教师为了提高教学水平，也需要了解学生对教学工作的意见和要求。因此，客观上要求及时沟通教与学之间的联系。此间，学生干部扮演着及时沟通教与学相结合的重要角色，从而使教与学双方得到有效沟通，及时解决学生学习上的疑难问题，提高教师的教学水平，保证良好的教学质量。

第三，促进良好学风的形成。学生干部组织广大学生开展一些学术研究活动，培养广大学生的学术研究兴趣和能力，同时，组织广大同学开展一些有益教学工作的活动，诸如百科知识竞赛、学习竞赛、学习经验交流、师生恳谈等。这些活动的开展，对形成良好的学风，无疑是不可缺少的。

总之，高校学生干部工作在教学工作中，对于维护教学秩序、沟通教学联系、形成良好学风、提高教学质量有着不可替代的作用，是高校教学工作中不可缺少的重要组成部分。

（2）高校管理工作中不可缺少的部分。

1）弥补学校管理工作中的人员不足。良好的校风和良好的校园秩序的形成离不开严格的管理，二者之间相辅相成，互为因果。广大学生是良好的校风和良好的校园秩序的直接体现者。要管理好由不同民族、不同风俗习惯、不同性别等组成的大学生群体，使他们养成良好的习惯，自觉维护校园秩序，光靠学校专职行政人员和老师显然是不够的，也是不切合实际的。因此，大量的行政管理工作需要学生干部去承担。学校的规章制度需要学生干部去实施、去落实，特别是学生自我管理方面，学生干部工作显得尤为重要。对于这些工作，学生干部则完全有能力来承担，因为学生干部有着庞大的队伍，占学生人数的百分之三十以上，可以弥补学校管理工作人员的不足。

2）弥补学校微观管理的不足。对于学校来说，要把关于学生在学习上、生活上等方面的规章制定得十分完整而具体，是很困难的。一般来说，学校只能从宏观上作出较全面的规定，在微观上就要求学生干部做出有力的补充，这种补充主要体现在以下两个方面：

第一，创造性地执行学校的规章制度。即要根据实际情况，如不同专业，不同年级，不同性别，不同生活习惯，不同特长、爱好、兴趣，等等，在保证执行学校规章制度的前提下，制定出符合学生实际情况的实施细则，使学校规章制度落到实处。

第二，及时调控宏观管理。宏观管理的依据，归根到底来自实践。学生干部较之学校行政干部来说，对学生的实际情况要了解得多，而且，学校宏观管理终归是为同学服务的。因此，学生干部及时向学校反映学生中的情况变化，可弥补学校调控宏观管理时的信息不足。

（二）加强高校学生干部管理的途径

高校学生干部提高自身的素质既是履行好自身职责，完成学校交给的各项任务的首要条件，也是把自己培养成为社会主义事业接班人的内在要求。接受学校有系统、有计划、有目的的组织教育与考核是学生干部提高基本素质的一条重要途径。怎样对学生干部进行有效的组织教育和全面的考核，加强学生干部的管理，也是摆在高校思想政治工作者面前的一个重要课题。

1. 加强组织教育

高校学生干部既是干部，又是学生，其成长与进步同样离不开学校组织的教育与帮助。因此，高校学生干部必须接受有系统、有计划、有目的的组织教育。当然，学校各学生工作部门也应该注意不能仅使用学生干部而忽视对他们的教育。学校应把通过组织教育来提高学生干部的基本素质纳入工作计划，作为培养合格的社会主义接班人的重要组成部分，从政治思想、理论修养、工作常识、基本技能等方面对他们进行全面、系统的培训。

（1）马列主义理论教育。

高校学生干部是党在高校做好学生思想政治工作的得力助手，因此首先学生干部自身需要有扎实的马列主义理论基础。学校方面可以采取举办学生干部理论学习班等方式对他们进行行之有效的培训和辅导。对于学生干部中要求入党的积极分子要及时组织相关学习，使之接受更为系统、深入的马列主义理论教育。

在学习马列主义理论的过程中，学生干部应该紧密联系大学生的思想实际，避免为理论而学理论的现象。学生干部要从实际运用的目的出发，有针对性地、创造性地学习马列主义、毛泽东思想、邓小平理论及习近平新时代中国特色社会主义思想。能够运用这些理论去正确地分析处理工作中遇到的实际问题，善于用实践的观点、理论联系实际的观点、矛盾的观点、一分为二的观点等来指导自己的工作，以增强工作的正确性与艺术性。

（2）世界观、人生观和价值观教育。

高校学生干部要完成好自己的使命,除具有坚定的政治立场、较好的马列主义理论素养外,还要树立正确的世界观、人生观、价值观。这些思想观念的形成固然要靠学生干部自己在平时的学习、生活、工作中去自觉训练和加强,积极参加学校组织的有目的、有系统的教育和引导,则能较快和较好地树立起正确的世界观、人生观和价值观,从而对人生、对社会乃至整个世界各种现象持有正确的观点和态度。在这方面的教育与引导中,既可以采取讲座、报告会等方式集中统一地进行理论疏导,也可采取观看电影电视、阅读文学作品、参观访问等方式进行情感熏陶。思想观念的教育只有与情感熏陶并进,才能收到较好的效果。

思想观念的教育与引导要有针对性。通过人生观及价值观的教育,学生干部要对自身工作的意义有进一步的正确认识,增强工作责任感,正确处理奉献与索取的关系,克服当干部怕苦怕累的思想。树立了正确的人生观与价值观,学生干部就会从艰苦、复杂的工作中品尝到无穷的乐趣,就可以从为广大学生服务中品尝到助人为乐、无私奉献的甜蜜。

思想观念的教育与引导最后的落脚点是学生干部要树立远大的共产主义理想、坚定的共产主义信念和高尚的共产主义情操。高校学生干部肩负着十分特别的历史重任,在大学学习期间是党在高校各项工作的得力助手,毕业后将成为社会主义事业各条战线上的政治骨干与业务骨干,是党的干部队伍建设中的一支不可忽视的后备力量。因此,学生干部必须认识到树立远大的共产主义理想、坚定的共产主义信念、培养高尚的共产主义情操,是社会主义向前发展对青年一代提出的必然要求。同时,这也是高校教育和培训学生干部所要达到的一个重要目的。学生干部与其他青年人一样,在成长发展过程中,易受外界因素的干扰,其理想、信念和情操也将会发生波动和反复。因此,一方面,学生干部要充分认识这一特点,自觉克服自身的弱点;另一方面,学校也要注意帮助学生干部及时排除外界的干扰,特别是注意引导他们正确认识风云变幻的国际形势。

(3)常识教育与技巧训练。

学生干部工作的效果与其所掌握的工作常识及工作技巧与方法是密切联系

在一起的。学生干部接受学校系统、全面的工作常识教育和基本的工作技巧与方法的训练是十分必要的。

第一，掌握党支部工作的基本知识与方法。学生党支部的干部要熟悉党章，对党的基本知识要有全面的了解，要懂得党务工作的一些基本知识，因此要积极参加学校党组织举办的专门培训。此外，还要注意学会做细致深入的思想政治工作，善于了解他人，关心他人，及时发现问题，及时解决。只有这样，才能充分发挥每一个学生党员干部的作用，把学生紧紧团结在党的周围。比如说发展大学生入党是一项艰巨而又重要的工作，它要求学生党支部的干部认真做好入党积极分子的培养与考察工作，这也就是要求学生党支部的干部要熟练地掌握党员发展工作的基本知识。因为，不懂得发展党员的基本知识，就不可能积极稳妥地做好党的组织发展工作，特别是不具备做深入细致的思想政治工作的能力，就不可能准确把握要求入党的积极分子的入党动机，组织发展工作便不可能有效地开展。所以说，学生党支部的干部要在学校党组织的专门培训下，熟练地掌握好党支部工作的基本知识和工作方法与技巧，充分发挥学生党支部的战斗堡垒作用。

第二，掌握共青团工作的基本知识与方法。共青团系统的学生干部要熟悉团章及团的基本知识，要善于把握青年工作的特点，善于团结号召青年。学校团组织要积极创办业余团校和团干部培训班、举行团干部经验交流活动等，为全面提高学生团干部的基本素质广辟途径，尤其是要注意为学生团干部提供团内实践活动的良好环境。学生团干部要在学校团组织的培训下，努力学会做青年大学生的知心朋友，善于把握青年人的思想脉搏，善于做深入细致的帮教工作，及时向党组织反映青年人的思想、意见和要求，使自己真正成为党在高校各项工作中的得力助手。

第三，掌握管理工作的基本知识与方法。学生会、班委会及其他社团学生干部的培训应该紧密结合各自的工作职责、工作对象的特点来进行，重点是提高管理水平，增强组织、指挥与协调能力，以便学生干部在学校管理、校园文化、体育活动等方面充分发挥各自的作用。

2. 加强组织考核

组织考核是提高学生干部基本素质的又一有效途径。它可以帮助学生干部及时发现自身的不足，正确对待所取得的成绩，从而扬长避短，全面发展。考核学生干部素质的途径很多，一般可分为学校组织考评、学生干部自评、学生考评三种，但应以学校考评为主。考评学生干部基本素质的内容有很多，但应以考评思想品德和心理能力素质为主。

（1）思想政治素质的考核。

考核学生干部思想政治素质的方法有很多，但其中最有效的途径是对学生干部的实际工作进行认真的观察和分析，透过现象把握其政治立场、观点、态度、世界观、人生观和价值观等。对于具有较好的马列主义理论水平，并善于在工作中用马列主义的立场、观点与方法去分析和处理问题的学生干部，要肯定他们的成绩，并帮助他们进一步提高。对于马列主义理论基础还较差，在实际工作中一时还不能很好地用马列主义的立场、观点与方法去分析问题的学生干部，要指出他们的不足，并及时进行帮助。

对于那些在政治立场、观点、态度等方面与党的要求相背离的个别或极少数学生干部，要坚决地把他们从学生干部的岗位上撤换下来，并对他们的错误言行进行严肃的批评和教育。对于学生干部中存在的其他方面的不良现象及不正确的思想言论要认真地分析和教育，帮助他们澄清思想、端正认识。实事求是地考核学生干部的基本思想政治素质既有利于学校增强对学生干部培训工作的针对性，以及准确地选拔和使用学生干部，又有利于帮助学生干部正确地认识自己、了解自己，从中受到教育，进而提高自身的思想政治素质。

（2）品德素质的考核。

学生干部要履行好职责，除了要有坚定正确的政治立场外，还要有优良的品德素质。高校党的组织、领导及教师应该对学生干部的品德素质进行经常性的考核，及时发现他们的不足，并帮助他们克服，使之成为名副其实的骨干。

考核学生干部的品德素质要从工作作风、生活作风以及是否敢于开展批评与自我批评等方面入手，要注重在实践中考核。衡量学生干部是否有良好品德素质的标准归结起来主要有三条：一是态度，即在工作上是否肯干、积极、认真和负责；二是服务，即是否乐于把自己的长处与能力最大限度地用于工作，是否乐于奉献，乐于为全体学生服务；三是律己，即在学习、工作和生活中是否严于律己，以身作则，勇于抵制不良倾向。

对学生干部的品德素质作出实事求是的考评后，要将考评的结果通过适当的方式与途径反馈给学生干部，使他们知道自己的不足及存在的差距，帮助他们在工作实践中不断地提高品德素质。

（3）心理素质的考核。

针对学生干部的心理能力素质状况，开展及时、有效的考核是十分重要的。学生干部在工作中经常会遇到许多矛盾，需要处理好各种复杂的关系，如学习与工作的关系等，如果没有丰富的情感和顽强的意志，就很难做到大胆开拓、勇于克服各种困难而创新。如果没有较强的指挥、协调能力，就不可能很好地把学生组织起来，也不可能得心应手地处理好各种具体的工作关系和矛盾。一个学生干部是否有顽强的意志、丰富的情感，是否有宽厚的胸怀承受各种打击，是否有熟练的指挥协调能力，都可以从他的具体工作中反映出来。

因此，学校领导和教师要注重从工作实践中考核评估学生干部的心理能力素质，才能对学生干部的心理能力素质有客观的评价，有的放矢地帮助他们在实践中锻造自己，逐步形成高强度心理能力素质。

第二节 高校学生制度与体制管理

高校学生工作专职教师在开展思想政治教育和管理工作时，必须建立一套系统而完整的制度。制度是要求人们共同遵守的办事规程。制度的建立，必须遵循一定的原则，不可随意而定。制度制定后，要有人来执行，就需要有良好的体制来保证。

一、高校学生制度

在我国古代，制度是法令、礼俗的总称。现在，制度通常是指关于整个社会组织或某一事项的整套的行动准则。

管理这种职能活动，是伴随着人类社会有组织活动的出现而产生的。凡有人群活动的地方，为了有序而又有效地组织生产、学习、工作和生活，必须制定出能够调整人们相互关系的行为规范或行动的准则，这既是管理的需要，又是管理职能的具体体现。高校学生思想政治教育和管理制度是高校学生的行为规范，因此，建立一套系统而完整的高校学生思想政治教育和管理制度是十分必要的。[①]

（一）高校学生教育和管理制度的意义

我国高校的规章制度是党的优良传统和社会主义道德观念、行为观念、行为规范（即国家法规）、是非标准等在高校学生日常工作、学习和生活等方面的具体体现。它是全体学生必须遵守的行为准则；是培养自觉的纪律性，培养共产主义道德品质和形成良好校风的重要手段；是实行科学管理，办好社会主义大学的重要保证。所以建立高校学生思想政治教育和管理制度，对办好社会主义大学具有以下几点意义：

（1）有助于充分发挥学生的积极性。大学肩负着培养社会主义事业的建设者和接班人的历史重任。为了完成这一光荣使命，高校就必须建立起符合大学教育工作客观规律、符合现代管理原理、充分体现党的优良传统和社会主义道德观念及行为规范的系统的高校学生思想政治教育和管理制度。这样，就能把全校学生的积极性发挥出来，形成一种远比个人力量总和大很多的集体力量，办好社会主义大学。

（2）有助于建立正常的学习、工作和生活秩序。现在的大学，少则上千人，多则上万人，而且是一个多层次、多学科、多系统、多结构的复杂的综合体。高校学生工作专职人员要把每个成员的智慧和力量最优化地组合起来，就必须

---

① 王凤彬，李东. 管理学 [M]. 北京：中国人民大学出版社，2000.

在加强政治思想工作的基础上，建立起一整套的规章制度，使学生有规可循，有矩可蹈，做到学习、工作和生活井然有序。

（3）有助于培养学生高尚的道德品质，形成良好的学风。社会主义的精神文明，是社会主义的重要特征，是社会主义制度优越性的重要表现。思想建设决定着精神文明的性质，因此，培养学生具有马克思主义的世界观，共产主义的理想、信念和道德，有为人民服务的献身精神和以共产主义劳动态度建设科学的、与时俱进的高校学生管理制度，对培养学生高尚的道德品质和良好的学习、工作及生活习惯，无疑是意义重大的。

（二）高校学生教育和管理制度的基本要求

建立高校学生思想政治教育和管理制度必须符合以下几点要求：

（1）政策性。政策性是指高校学生思想政治教育和管理制度必须同党的路线、方针、政策和体现党的路线、方针、政策的国家的法律、法令、条例、决议、指示、规章、规程，尤其是党和国家的教育方针保持高度一致，而不能有丝毫的背离。党的路线、方针、政策和国家的法律、法令、条例、决议、指示、规章、规程等，是一个国家总的行为规范，是指导全局的，是制定高校学生思想政治教育和管理制度的依据。高校学生思想政治教育和管理制度则是党的路线、方针、政策和国家法律在高校学生日常学习、工作和生活诸方面的具体化。局部必须服从全局，否则就会迷失方向。

（2）整体性。整体性是指按照现代管理学观点，国家是一个系统，教育是属于国家的子系统，学校是隶属于教育的子系统，学校各部门是隶属于学校的子系统。系统是有组织、有层次的，各组成部分都是为了一个共同目标而形成的有机整体。高校学生工作专职人员必须树立全局观点，正确处理局部与全局的关系，正确处理学生的学习和课外活动的关系，以及团组织与学生会工作之间的关系等。在处理各种关系时，必须使整个系统处于协调状态，才能发挥整体的最佳功能，达到教育管理的最佳效果。①

---

① 陈锦山. 高校学生事务管理模式的建构——评《高校学生事务管理模式创新》[J]. 新闻与写作，2017，（6）：3.

（3）民主性。民主性是指高校学生思想政治教育和管理制度必须符合广大学生的根本利益，并获得广大学生的积极拥护和支持。我国是社会主义国家，人民是国家和社会的主人，党和国家的一切政策、法令都是以是否符合广大人民群众的根本利益，是否获得广大人民群众的积极拥护和支持为最高标准的。一切损害人民群众根本利益的政策、法令或行为，必将遭到人民群众的坚决抵制和反对，失去立足点。学生是管理的对象，又是管理的主体，在制定学校规章制度时，必须从学生中来，到学生中去，广泛听取学生意见，做到集思广益，紧紧依靠广大学生把教育和管理工作做好。

（4）科学性。科学性是指高校学生思想政治教育和管理制度必须符合高等教育的客观规律。任何领域都有其自身的规律，高校学生思想政治教育和管理制度也不例外，诸如教育和管理必须与学生的年龄相适应的规律，思想政治教育中知、情、意、行活动过程的规律等。一定要认识和严格遵守这些客观规律，才能实行科学管理，充分调动各方面的积极性。同时，还要善于借鉴现代科学管理理论，不断总结高校思想政治教育和管理经验，把行之有效的传统管理经验与现代管理理论有机地结合起来，才能不断提高科学管理水平，提升管理效率。

（5）教育性。教育性是指高校学生思想政治教育和管理制度必须对学生起到教育作用，即能培养学生社会主义道德观念、行为规范、思想品质和严谨、务实、开拓、进取的工作作风。这样，同学们既有章可循，又有进取的目标，充分发挥规章制度本身的教育和激励作用。但是，必须指出的是，在规章制度制定和实施过程中，必须坚持政治思想工作领先的原则，把启迪、疏导作为一条主线贯穿规章制度的全过程中，这样，规章制度的教育性才能充分显示出来。

（6）严肃性。严肃性是指高校学生思想政治教育和管理制度必须做到令行禁止，奖罚分明，对任何人也不例外，使学生的行为得到规范。在建立高校学生思想政治教育和管理制度时，凡应规范的都要规范，各级学生组织和个人必须严格执行。在执行过程中，严格按制度办，不能时宽时严，时紧时松，坚决维护其严肃性。此外，要注意凡属将来才能规范的或者要创造条件才能规范的，就一定要留待将来或条件具备的时候再规范。只有这样，才能使制度有相对的持续性。

（7）可操作性。可操作性是指高校学生思想政治教育和管理制度应尽可能做到量化，制定出符合教育、管理实际的科学指标，并用分值表现出来。这样，不仅能使全体同学在实施的过程中做到心中有数，自觉约束自己，在检查处理时也能避免主观随意性。

上述基本要求，既有各自的独立性，又相互紧密地联系在一起。只有严格遵照这些基本要求而制定的规章制度，才是经得起实践检验而又有强大约束力和教育意义的制度。

二、高校学生体制管理

（一）高校学生行政体制管理

建立一套完整的大学生行政管理工作体制是做好大学生管理工作的重要保证。高校的整个行政管理体制是一个大的系统工程，而学生行政管理体制，只是整个系统工程中的一部分，或称为一个子系统。为了使整个学生行政管理工作能够跟上形势的发展，适应实际工作的需要，有必要对学生行政管理工作体制做进一步的分析，以加强体制的建设，逐步提高学生行政管理工作的水平。

1. 行政体制管理的历史与现状

（1）高校学生行政体制管理的内涵。为了正确认识学生行政管理工作体制的历史与现状，首先有必要正确地了解学生行政管理工作体制的内涵是什么。简而言之，体制包含机构设置与权限划分两方面的内容。学生行政管理体制，主要体现在学生行政管理工作的机构设置与权限划分两个方面。

在高校，学生行政管理工作是学生工作的一个重要部分，而学生行政管理工作又可分为：学生的教学管理、学籍管理、生活后勤管理、治安管理、课外生活和校园秩序管理等。因此，所讲的体制，不仅体现这些工作职能的权限划分，还应考虑为完成这些职能而建立的机构。所以围绕着对学生从入学到毕业的在校阶段的管理，围绕着对大学生学习、生活、行为规范而设置的机构与职能权限的科学划分，就是学生行政管理工作体制内涵的反映。

（2）高校学生行政体制管理的历史回顾。新中国成立初期，高校基本上实行"一长制"，高校的管理制度，包括学生行政管理制度，原则上与当时企业的"三级一长"管理制度相同。学校是由校级、系级、年级（班级）三级组成，一长由校长、系主任、年级主任（班主任）在各级发挥管理职能。后虽几经反复，但在组织机构的设置上，基本上无重大变化，组织机构的基本形式是采取"直线职能参谋组织形式"。

当时，校级行政管理机构中，无独立的学生行政管理部门，每个行政处均兼有管理教职工和学生的行政职能。如：学生的教学管理，由教务处负责；学生的生活管理，由后勤系统的总务处负责；负责学校招生、毕业生就业的，各校又不尽相同，有的学校招生由招生办公室负责，有的由教务处承担，而学生毕业就业，有的学校由教务处负责，有的学校由人事处承担；学生的学籍管理内容，包括奖励与处分，由教务处的学生科负责。

系级的学生行政管理机构，主要由系办公室负责履行行政管理职能。年级（班级）没有专门行政管理机构，主要由政治辅导员充当学校中最基层的行政管理机构的代表。他们集教育、管理于一身，构成了学校最基层的学生行政管理机构。当然也有的学校在班级里配备了教务员，负责学生的教学行政管理工作。当时高校虽无专门独立的学生行政管理体制，但已具有的各级机构兼管学生行政管理工作，承担各种职能权限，形成了适合当时需要的学生行政管理体制。

（3）高校学生行政体制管理的现行模式。随着教育事业的发展，学生行政管理工作的体制不断完善。"文化大革命"结束后，高考招生制度的恢复、高等教育事业的不断发展使高校的规模得到了扩大，高校的领导体制，包括学生行政管理工作体制也发生了变化。从高校学生行政体制管理的变化看，可归纳为以下四种模式：

1）行政体制管理机构呈散在模式。学生行政管理工作由学校各部、处及有关机构各司其职，实施行政管理的职能。这一模式，在校级、系级、年级（班级）

三级组织机构设置方面，沿袭历史上的"直线职能参谋组织形式"，一般来说，未增设新的行政管理机构。但在职能和权限划分方面，分权化的组织管理制度强化，促使整个行政管理工作有规律、有节奏地顺利运转。

2）行政体制管理工作机构呈专兼模式。学校建立了学生处，成为学生行政管理工作的主体之一，而其他各有关部处，兼有关学生行政管理职能，整个学生行政管理工作呈现专兼结合、齐抓共管的局面。这一模式，在校级建立了专门的、独立的学生行政管理机构——学生处。系级学生行政机构设置，各校情况不一，有的学校在系级设立了学生办公室，专门负责学生行政管理工作，有的学校系部行政机构设置维持原状。在年级（班级）基层组织一级仍由辅导员（或班主任）负责管理，少数学校在年级设立了学生办公室。

目前，全国有许多高校采用这一模式，在校级设立了学生处。但在学生处的职能和权限划分方面却不尽相同，大体上有以下三种情况：第一，学生处不仅负责学籍管理的全部行政工作，还作为职能部门负责奖励与处分，配合有关部门负责课外活动、校园秩序的行政管理，并承担每年的招生工作与毕业生就业工作。第二，学生处负责学籍管理中的大部分内容，还负责每年的毕业生就业工作，而招生工作则由招生办公室承担。有关学生的教学管理，如成绩考核与记载工作、升级与留降级工作等由教务处负责。其他的权限划分同第一种。第三，学生处除负责与第二种情况相似的职能外，还负责部分的生活后勤工作，如宿舍管理等。

3）行政体制管理机构呈复合模式。学校在校级建立了学生部和学生处，部、处合一，实行"一套班子、两种性质"的工作模式，成为学生行政管理和思想政治教育的主体。这一模式，有的大学在系级设立了学生办公室，主管学生行政管理工作和思想政治教育工作，有的大学视情况设立了学生年级办公室，负责本年级学生行政管理和思想政治教育工作。

4）行政体制管理机构呈各部处模式。学校建立了学生工作指导委员会或学生工作领导小组，委员会下设实体性的机构——学生工作办公室，办公室兼有协调、指挥各部处执行学生行政管理的职能和思想教育的职能。而各部、处在学生工作办公室的指导下，照常履行原来承担的有关行政管理工作的职能与权限。系与年级组织机构无重大变化。

上述模式中，有两个共同的特点：一是管理机构的组织形式均采取"直线职能参谋组织形式"，二是分权管理形式增强。

2. 行政体制管理的模式特点

目前，高校学生行政管理体制，各种模式机构设置不尽一致，权限划分各有差异，每种模式也各有特点，具体如下：

（1）学生行政体制管理的散在模式。这一类型的高校，多数是在校学生数不太多，校领导有较多精力关心学生工作，各级学生行政管理机构干部配备较强，所以，它沿袭历史上我国高校学生行政管理工作体制，有如下特点：

1）采取"直线职能参谋组织形式"。这一模式中，校长是唯一的行政负责人，有全面的领导和指挥权，对一切工作都负有全面的责任。各职能部门按照校长的要求，在业务上负有指导下属部门的权力和责任。各级组织在行政上相对独立，可充分发挥主动性。这样既保持了统一领导，又充分发挥了各职能部门的积极性和主动性。

2）分权管理制度加强。在新形势下，为了适应学校管理的要求，学校将有关行政管理权限下放，如学生行政处分权，记过以下的处分由系级部执行；如学生的奖学金金额，部分的单项活动或班、系活动奖励及补助系级部有权决定，这也有利于调动各级组织的积极性，促进行政管理工作的高效运转。

3）兼容一体，易于协调。这一模式无新机构设立，许多相关的相互交叉、相互渗透的工作，依然处于一个处室，如学生生活管理处于总务处，学生学籍管理的许多工作处于教务处，便于配合，易于协调。

（2）学生行政体制管理的专兼模式。这是从散在模式发展而来的，因此，它们之间特别是在权限划分上有许多相似之处。由于在校级建立了学生处，在较大的系级建立了学生办公室，所以学校中出现了学生行政管理体系，同时，也明显地反映出以下几个特点：

1）学生工作统筹安排，全面协调能力增强。专管学生工作的主干处——学生处对学生行政管理工作及有关学生工作情况负有全面关心、通盘考虑、及时汇总、向上报告及建议的责任，并能在校长领导下，对各行政部门工作中出现的矛盾、问题时及时参与协调。

2）有利于队伍素质提高，稳定性增强。由于专管学生行政管理工作体系出现，使学生行政管理工作机构、人员稳定性增强，方针、政策、规定的连续性加强，工作方法的创新、理论研究的开展、工作经验的积累、管理人员的业务素质趋于上升势态。

3）学生行政管理工作的应变能力增强。在新的形势下，学生行政管理工作不仅要有正确性、规范性，还应讲究时效性。建立了专司学生行政管理的工作体系，就能有一批长期专门从事学生管理的工作人员，能较正确地掌握党的方针政策，全面了解学生情况，遇事能及时向领导提供各种情况和选择方案，以便于领导准确决断。

（3）学生行政体制管理的复合模式。它由专兼模式进一步发展而来。由于学生处和学生工作部实现了两块牌子一套班子，因而它有一个明显的特点，即在组织机构上实现了学生思想政治教育和学生行政管理的结合，改变了长期以来行政管理和思想教育相分离的状况，使对学生的言和行、想与做的教育统一在一个部门，使学生的学籍管理、课外活动、校园秩序、奖励和处分等学生管理主要内容的执行，基本上是由学生处与学生工作部作为一个职能部门来承担。

（4）学生行政体制管理的各部处模式。它既同散在模式相似，又同复合模式相近，它唯一的特点是兼指挥和执行于一身。由于它有居于部、处之上的职能部门——学生办公室，所以既可以指挥行政部、处，又能协调各种关系与矛盾；既能够抓行政管理工作，又能抓思想教育工作。

3. 行政体制管理的成效

学生行政管理工作的成效，取决于两点：一是领导和干部队伍，二是管理体制。当前有一批较长时间从事学生工作的同志，他们有能力、有水平、有积极性与创造性，虽然管理体制不够完善，但凭借这批骨干的创造性和努力，高校的学生管理工作是有很大成绩的。随着社会的发展和新形势下对高校学生管理工作的要求，还需要改进工作、完善政策、健全体制。

行政体制管理成效是由这个学校的历史与现状、领导与干部队伍的素质和结构、教师与职工的思想水平与觉悟、学校的任务和条件等形成的综合因素决定的。只有当一个具体模式适合这个学校的情况，并能创造出最优成绩时，才是最佳的选择。

从学校学生管理体制发展的趋势来分析，选择具体模式应考虑两个问题：一是是否需要建立专门的学生行政管理体制，二是是否需要实行学生行政管理工作与学生思想政治工作相结合的管理体制。对这两个原则问题的回答是肯定的，这也是今后加强学生行政管理体制的原则问题：

第一，人的思想和行动是不能割裂的，人的行动受思想的支配，而思想又需要实践的检验。要规范人的言行，首先要抓思想教育，要了解一个人的思想，必须先了解他的行动。所以，对学生的思想、言论和行动的教育、管理，只有真正地从组织上、思想上结合起来开展工作，才能改变相割裂的现象，才能取得工作的最佳效果。

第二，学生行政管理工作是培养学生成为德、智、体全面发展的社会主义建设者和接班人的一项重要工作。它对在校学生的学习、生活、行为起着正确的规范作用。它不仅需要一支具有一定理论水平和一定实践经验的稳定的干部队伍，还必须逐步建立一套专门的行政管理体制，否则难以适应当前形势下学生管理工作的要求。

第三，高校担负着培养青年学生的重任，只有将学生行政管理工作和学生思想政治工作相结合，只有建立一支专门的学生管理工作队伍和建立一套专门的学生行政管理工作体制，才能培养出理想信念坚定的合格人才。

（二）高校学生思想品德教育体制管理

各高校具体情况、人员素质、传统风格、办学特点不相同，新中国成立以来也经历过一些变化，但总的来说，我国高校学生思想品德教育实行的是综合管理体制，这种体制主要由几种制度构成：

1. 专职干部责任制

高校专职党团干部是党的教育方针与政策在各单位的综合贯彻执行者，是对学生进行各种思想品德教育管理的设计者，是发动全体教师教书育人的组织者。因此，专职干部在学生思想品德教育管理中发挥着不可替代的作用。学生专职干部主要指担任党团职务，专门从事学生教育管理的干部，包括学生工作部（处）或宣传部、校团委的干部，各系主管学生工作的党总支（分党委）副书记、团总支（分团委）干部等。专职干部一般按学生人数的 1 : 150 配备，不足 150 名学生的单位可根据实际工作情况考虑。专职干部在学校党委的领导下，具体由学校主管部门和各系党总支共同管理。他们除根据实际表现和工作需要晋升职务外，同时，作为学生思想品德课教师在晋升专业职务方面享受与其他业务教师同等待遇。

（1）专职干部的职责。

1）开展学生思想和学生工作的调查研究，根据全局形势，结合学校的实际，进行正确决策，统一制订本系统学生思想政治教育、管理工作计划，保证学生思想品德教育管理工作的整体性与系统性。

2）负责安排、协调、组织开展党团教育、政治学习和日常思想品德教育管理各项活动。按照教育部的要求，专职干部要讲授或辅导思想品德课，并负责组织形势教育、大学生思想修养、人生观教育、法制教育、职业道德教育、毕业教育与就业教育等思想品德课程的教学工作；负责指导年级主任、兼职辅导员（或班主任）、研究生政治导师的工作，包括制订工作计划，提供有关信息和教育材料，检查总结工作以及负责评比优秀教育工作者等工作；负责指导学生干部的工作，关心学生干部的培养教育，具体指导团组织、学生会开展各项教育管理活动。

3）依靠年级主任、辅导员（或班主任）、研究生政治导师和学生干部，正确执行有关学生的各项政策，指导并做好学生的思想品德考核，毕业鉴定与考核，评定三好学生、奖学金、优秀学生干部、优秀团员、先进班集体以及评定贷学金等工作，负责做好学生的就业及派遣工作。

（2）担任专职干部应具备的条件。

专职干部主要从毕业生或青年教师中挑选。从事学生教育管理的干部必须具备以下几个条件：

1）坚持四项基本原则，积极拥护、努力贯彻党的路线、方针、政策，在政治上同党中央保持一致，一般要求是中共党员。

2）热心思想工作，热爱、理解、熟悉青年学生，联系群众，作风正派，坚持原则，办事公正，严于律己，为人师表。

3）具有一定的社会工作经历和组织管理能力、表达能力和调查研究能力，能独立开展工作。

4）具有大学本科以上文化水平，业务成绩优良。

2.教师指导学生责任制

教师在教育学生的过程起着主导作用。调动教师教书育人的积极性是抓好学生教育管理工作的关键。除了要求所有教师在教学过程中为人师表、严格要求、注重学生思想品德教育之外，这里说的教师指导学生责任制，是要求一部分教师在完成自己教学、科研工作的同时，兼做一个年级或一个班的学生教育管理工作。指导教师包括年级主任、辅导员或班主任、研究生政治导师（以下统称指导教师）。

指导教师中的兼职辅导员或班主任可以采用分段制（即一二年级为一段，三四年级为一段），也可以实行四年一贯制。人数在120人或120人以上的年级应配备年级主任，负责组织、协调本年级的工作，不满120人的年级可根据情况按专业或系配备年级主任，年级主任在任职期间以学生教育管理工作为主，也可适当担任少量的教学、科研工作。研究生政治导师以研究生人数1：40配备，其待遇与业务导师相同。

指导教师由学校人事处、宣传部、教师工作部门、学生工作部门和所在院系党总支组成领导小组共同管理。人事处负责把指导教师的工作表现与教师出国、进修、晋升专业职务等政策挂钩；宣传部负责指导教师的自身提高、评比先进、总结交流工作经验等工作；教师工作部门负责把指导教师的工作表现与教师教学工作量、课时酬金的发放挂钩；学生工作部门与系党总支负责对指导教师的工作指导与考核。

指导教师由教研室负责考察挑选，由系党总支、行政审核，报学校批准并颁发聘书。聘期一般为两年一期，可以连聘连任，无特殊情况未经批准不得随意更换，以保证工作的连续性。

（1）指导教师的职责。

1）努力贯彻党的教育方针，对加强学生思想品德教育管理的目的、意义认识正确，严于律己，言传身教，引导学生德、智、体全面发展。

2）负责指导学生团支部、班委会开展各项有益的活动，负责组织本年级（或班）的政治学习、组织生活、班务会议，做好日常的思想教育管理工作，保证学校各项教育管理计划、措施、制度在基层的贯彻落实。

3）负责执行本年级（或班）学生的思想品德考核，评比三好学生、奖学金、优秀学生干部，推荐免试研究生以及毕业生就业等有关政策，对发展学生党员提出建议和意见。

4）指导学生开展有关业务学习、课外科研、学术交流等活动。

（2）担任指导教师应具备的条件。

1）坚持四项基本原则，忠诚党的教育事业，品德高尚，作风正派，能做好学生表率。

2）有一定的社会工作能力和从事思想教育管理工作的经验，工作责任心强。

3）有一定的学术水平，教学效果好，在担任指导教师期间，担任本年级（或班）一门业务课的教学工作。

建立指导教师责任制是发动教师做学生思想教育管理工作的重要措施。由于大多数教师都有自己的教学科研任务，并且面临业务水平的提高与专业职务的晋升，加上学生工作投入大，收效慢，工作难度大，耗费时间多，使得大学里许多教师不愿意担任指导教师的工作。造成这种状况的原因是多方面的，应端正办学方向，提高全体教师对加强德育教育的认识，同时，要制定具体的措施，在政策上解除教师的后顾之忧。只有把教师的积极性充分发挥出来，把培养学生良好的思想品德作为全体教师自觉的行动，高校学生工作才能创造崭新的局面。

3. 学生自我教育与管理制

学生自我教育与管理制就是在学校党委的领导下，充分考虑到大学生的特点和未来社会对人才的要求，在学校专职干部、教师的指导下，通过学生干部，在学生中建立各项教育管理活动的制度。

学生自我教育与管理制包括学生党团组织制度，学生会组织管理制度，学生社团及刊物管理制度、学生勤工俭学、社会实践管理制度、学生业余文化、体育活动管理制度、学生寝室管理制度等。学生自我教育与管理制度由学生团组织、学生会在专职干部的指导下制定,按照团组织、学生会的系统下达执行,并负责检查、总结、修改、完善。各系团总支(或分团委)、学生会在执行制度过程中根据本单位的实际,在不违背学校团组织、学生会制度原则的情况下,可以进行适当的调整,作为学校制度的完善与补充。

(1)学生干部的职责。

1)学生干部所担任的各项社会工作,既是服务工作,也是学校不可缺少的教育管理工作,他们都应在自己分工的工作中认真贯彻党的路线、方针、政策。

2)学生干部在自己所管辖的范围内,应大胆行使职权,弘扬正气,打击歪风,批评不良行为。

3)对学生思想品德考核、鉴定、评比三好、评奖学金、入党、入团、毕业就业等,向专职干部、指导教师提出建议和意见(专职干部、指导教师及学校有关部门应尊重学生干部的意见,在加强指导的同时,放手大胆地使用学生干部,充分发挥学生干部在教育管理中的主人翁作用)。

为了让更多的学生更好地做社会工作,发挥学生的积极性,学生干部一般不兼职,有条件的班级、系可实行干部轮换制,以便使更多的学生得到锻炼。

(2)学生干部的具体条件。

1)拥护党的路线、方针、政策,积极要求进步,坚持德、智、体全面发展。

2)热心为学生服务,积极肯干,作风正派,在学生中有较高威信。

3)学习勤奋刻苦,学习态度端正,学习成绩优良。

4)校、系的主要学生干部,必须是所在班的优秀学生。

5)负责的某一方面工作尽量考虑到学生自身的爱好与特长。凡是受到学校通报批评以上处分的学生,凡是学习成绩较差或有不及格功课的学生不宜担任学生干部。

(3)学生干部的产生与调整。

1)所有团支部、班委会以上的学生干部,都必须经过全体会议或代表会议民主选举产生。新生进校第一学期,成立临时团支部和班委会。考虑到新生之间相互不熟悉，学生干部由专职干部根据招生或档案的记载与指导教师商量指定，第一学期结束时，再进行民主选举。以后根据情况每学年改选一次，学生干部可以连选连任。

2）参加学校、系有关单位和部门工作的各类学生工作人员（如校刊、广播台、学生会各部工作人员）可采取选聘的办法挑选，经学生所在系的专职干部和指导教师同意后即可担任一定的社会工作。

3）学生社团组织和社会实践、勤工俭学活动的负责人，由学生民主选举，分别报学校或系团组织批准，特殊情况也可由校、系团组织、学生会指定。

4）学生干部的选举、增补、免职、调整必须经过同级党组织同意，并按管理范围向上级组织报告，按照正常的民主程序进行，不得擅自改选或任免干部。

（4）学生干部的培养与教育。

1）学校有关部门、校团委应利用业余时间有计划地对学生干部进行培训。培训包括理论学习、工作指导、经验交流、形势分析等。有目的地提高学生干部的思想觉悟与工作水平，增强他们的自我教育与管理能力。

2）在寒暑假期间，学校应组织学生干部到边远地区、工厂、农村进行考察参观，了解社会实际，增强社会责任感和社会阅历。专职干部与指导教师在工作中要对学生干部严格要求，认真培养，既精心指导，又大胆放手，克服一切由学生干部自己干和包办代替的倾向，使学生干部在实践中不断成熟、进步。

（5）学生干部的考核与奖惩。

1）学生担任的社会工作，应在学生考核、鉴定中予以记载，对于工作中的成绩与实际水平也应如实反映，以便毕业就业时用人单位考察。凡是学生选举出的干部，都应在评三好学生、奖学金等政策中进行恰当的肯定，在学生入党、入团、毕业就业时应作为全面衡量学生的依据之一。

2）学校除评比三好学生以外，每年还应评选一次优秀学生干部，优秀学生干部可以同时评为三好学生，以鼓励学生干部的积极性。

3）对学生干部工作的考核主要由上级学生组织、学生专职干部和指导教师共同考察与评定。

4）对有错误或因工作不负责造成损失的学生干部，按学校有关规定，不宜继续工作的,应按程序予以免职或除名。

第三节 高校学生自我管理与民主管理

高校学生的自我管理和民主管理,是高校学生管理工作中的一个重要组成部分。它侧重于调动学生的主体意识,在整个学生管理工作中,起着补充和完善的作用,由于其独到的优越性而受到越来越多高校管理工作者的重视。

一、高校学生自我管理

高校学生的自我管理,简而言之,就是学生自己管理自己,其目的在于激发学生在管理中的主人翁精神。它是学生根据教育目的和培养目标的要求,运用现代科学管理方法,为实现个人管理有效地调动自身的能动性,训练和发展自己的思维,规范和控制自己的言行,完善和调节自己心理活动的过程。学生自我管理就其方法来说,可分为学生个体自我管理、集体自我管理和参与性自我管理。①

(一)学生自我管理的特征

(1)对象特征,即管理与被管理两者的统一。学生自我管理同其他管理活动的根本区别在于,其他管理活动强调对他人或他物的管理,而学生自我管理则是行为发出者作用于自身的活动过程。自己既是管理者又是管理对象,这是自我管理最基本的特征。进行自我调节和控制,是学生自我管理的实质所在。

(2)过程特征,即自我认识、自我评价、自我控制、自我完善四位一体。在学生自我管理中,从目标的建立到组织实施,再到调节控制,以及不断完善,融于学生一体。学生在认识社会、他人和自己的基础上设计自己,在管理过程中评价、控制自己,最后达到目标的实现,到此也就完成了学生自我管理的一

---

① 李正军. 高校学生管理工作概论 [M]. 保定:河北大学出版社,2002.

个循环——不是简单重复，而是在社会、个人的动态环境中螺旋式的循环。[①]

（3）内容特征，即不同的时代具有不同的内容。此特征有以下两个方面的含义：一是生活在一定社会条件下的人，其思想水平、知识水平和心理素质就被打上时代的烙印，学生也是如此；二是学生自我管理的目标及其社会意义具有鲜明的社会、政治、经济和文化特征。今天，社会为自我管理提供了汲取营养的现实土壤，而作为新时期的高校大学生，就应该热爱祖国，热爱人民，追求真理，锐意进取，艰苦奋斗，乐于贡献。

（二）学生自我管理的原则

从整体上说，学生自我管理不完全取决于个人愿望和努力，它必须反映社会和学校的需要，必须受到社会条件和学生管理制度的制约，符合社会道德规范，同学校培养目标一致，并置身于社会管理和学校管理之中。学生自我管理集主客体于一身，具有它的特殊性。所以，它除了遵循管理一般原则之外，还应遵循以下几个原则：

（1）自觉自愿原则。学生自我管理是学生自己管理自己的一种管理方式，从管理内容的制定、目标的确定和实施到信息反馈、总结纠正等，都应由学生自己编排，要自觉自愿。当然，自觉自愿也不是放任自流，为了保证自我管理的正确方向，学生在自我管理时，必须接受学生管理部门的指导和必要的约束。对集体自我管理来说，必须注意吸收全体学生参与管理工作，充分调动和发挥每个人的聪明才智。

（2）认识评价原则。学生实行有效的自我管理之前，必须全面认识自己及其所在班组、学校乃至整个社会的现状。要参与就必须认识，同时，只有参与，才能认识更全面。学生自身的政治素质、文化素质、心理素质、身体素质和社会阅历是自我管理的内在条件，而班级、学校的状况、目标、任务、结构和功能，国家政策，经济文化背景和社会规范等是自我管理的外在条件，只有正确认识

[①] 韩雪青，高静毅. 大学生思想政治教育"主渠道""主阵地"协同育人探究 [J]. 学校党建与思想教育，2018，（3）：22-24.

社会，客观评价自己，才能使自我管理切合实际。

（3）严密性与松散性相结合的原则。所谓严密性，对集体自我管理是指应当有相对稳定的组织、明确的宗旨、科学可行的计划和管理制度，有相对稳定、水平较高的骨干力量；对个体自我管理则是指目的明确、计划周密、心理状态良好。所谓松散性，是指在严密性的前提下，对学生自我管理的时间、地点、参加人员、活动内容及形式可做一些选择。这里的"严"与"松"是辩证统一的，如果没有明确的目的、严密的组织、严格的制度和较好的管理者，集体的共同利益就难以维护，教育目的也难以实现。因此，学生在自我管理中要强化集体意识，自觉服从、维护集体决议，模范地做好集体工作，只有这样，才能保证学生自我管理沿着正确的方向而不失控。同时，由于高校学生群体内部结构层次的复杂性，在保证集体利益和共同要求的前提下，要尊重学生的个性，促进学生个性发展。同学之间提倡互相尊重，互相学习，在相互帮助中共同进步。

（三）学生自我管理的作用

学生自我管理有以下两个作用：

第一，加强学生自我管理有利于学生健康成长。青年学生正处在心理的转折期、自我发现期，他们强烈希望自己的意志和人格受到外界的尊重，具有强烈的参与意识，而学生自我管理则恰恰满足了他们的这种心理愿望，从而促进其心理的健康发展。他们心理的健康，有利于学校的稳定。但是，由于学生世界观、人生观尚在形成过程中，他们在复杂、动态的环境里，也必然会受到各种错误思想的干扰。要有效地消除这种消极影响，除了学校、社会和家庭的教育、指导外，作为学生自己也要加强理论、思想修养，在自我管理的实践中，提高辨别和抵制错误思想的能力，使自己健康成长。

第二，加强学生自我管理有利于增强学生适应社会的能力。一方面，由于目前我国还存在着教育与实践相脱节等弊端，以至许多学生动手能力和创造精神较差；另一方面，学生最终都将走向社会，接受社会检验，随着人才市场需求关系的变化，社会对学生的知识水平、知识结构、专业技能以及走上社会的适应能力提出了更高的要求。因此，学生要在复杂的社会环境中既能适应社会的要求，又能有所作为，必须在学生期间利用一切可以利用的机会，有针对性地实施自我管理，逐步缩小所学知识与社会需要的差距，不断增强自我认识、自我评价、自我控制能力，实现自我完善，为将来走出校门后尽快地适应社会奠定坚实的基础。

（四）学生自我管理的内容

学生自我管理的内容是由时代对高校学生的要求和历史赋予他们的使命决定的，概括起来主要有思想素质、业务素质和身心素质三个方面的自我管理。它们之间是相互作用、相互渗透的辩证统一体。下面仅就业务素质的自我管理做简单的阐述，具体如下：

所谓业务素质的自我管理是指学生在老师的指导下，通过积累知识、发展智力和锻炼能力而进行的管理。

（1）要树立正确的成才观。学生的成才，不仅是由他的知识、智能决定的，更主要的是由其正确的学习目的和勤于奋斗的精神所决定的。那些极端利己、自私的人，那些从自我出发，把个人利益置于集体、国家利益之上的人，不但不能成才，还可能会成为社会发展的阻碍。只有那些具有远大理想和抱负的人，才会使知识、智能、素质、觉悟在自身中得到统一；只有那些把自己的前途和国家命运、民族未来紧密联系起来的人，才会在事业中有所成就。

（2）要掌握学习规律，完善知识结构。学生的主要任务就是通过艰苦而复杂的脑力劳动，不断增长知识，提高能力，掌握学习规律，完善知识结构。课堂学习是学生接受知识和教育的主要途径。预习、听课、复习等是学生课堂学习的主要环节，也是学生加强自我管理的重要方面。学习还要学会自学。一个人要获得完全的知识，必须具备两个条件，即书本知识和实践知识。学习实践知识，就要深入下去，投身于实践，向社会学习，在实践中积累和完善自己的知识。同时，还要完善和优化智能结构。智能是智力和能力的总称，是指一个人观察问题、分析问题和解决问题的能力。观察力、记忆力、思维力、想象力和操作能力是智力结构的五个要素。

（五）学生自我管理的途径

学生自我管理是在家庭、社会和学校管理教育的灌输、诱导、组织、指导下，进行自我规划、自我调节、自我教育和自我完善的。由于人和社会环境的复杂性，学生实现自我管理的途径、方法，也是多种多样、纵横交织和不断发展变化的。

1. 加强学校民主建设，促进学生的自我管理

学校民主建设的本质是把广大教师、学生真正看作是学校的主人和学习的主体。在学校提倡科学，崇尚民主，为师生创造民主参与管理的机会，让他们在工作和学习中感到自己是社会的主人，是学校的主人，激发起稳定的、持久的自觉性和主动性，这样，学校才能有凝聚力，才能树立良好的学风、校风。如果学校不能顺应和满足他们的心理要求，仍然把他们作为纯粹的管理对象，采取命令式管理，那么只能压制学生的能动性，伤害学生的自尊心，其结果只会引起学生的不满。事实证明，良好的学风、校风的形成，主要不是靠行政管理的强制力量，而是靠群体的力量，靠群体规范和舆论这样一种无形的力量。因此，民主建设是学校培养人才的前提和保证，制度管理是加强高等学校民主建设、创造良好校园环境的保障。

我国高等学校的管理制度近年来逐步完善。这些制度明确了学生的道德和行为准则，为学校的日常教育、管理工作提出了一套章法。广大学生在思想教育和制度的约束中，不断调节自己的思想、行为，逐步把外压力变成内驱力，自觉遵守，自觉维护，才能取得显著效果。民主管理要公开、平等。学生主体意识、平等意识的增强，就要求学校的管理工作要公开、平等，以取得相互理解、尊重和信任。公开即是提高管理工作的透明度，平等即是管理者和师生平等对待，真诚合作。

在管理中，学校要尽量为学生创造知政、议政和参与管理的场所和条件，扩大和完善学生参与管理的渠道，发挥他们在管理中的作用。学生参与学校管理，有归属感和主人翁感，就能发挥集体的智慧，使决策更正确。同时参与管理也是调动学生积极性，培养学生能力，扩大学生与管理部门联系的好办法，可以提高人的素质，实现民主管理。人是管理的核心，提高人的思想、道德、知识素质，是完善学校民主管理的首要条件。学校要加强思想政治教育课的教学，充分发挥党团组织的作用，发挥管理者、教师的作用，要鼓励学生参加教育改革，激励学生自爱、自强，采取各种形式帮助学生明确民主与集中、自由与纪

律的关系,增强民主意识,树立正确的世界观和人生观。学生有了"精神能源",学校民主管理才会有坚实的基础。

2. 搞好学生组织的建设

学生组织主要是指校、系、班级的学生会或班委会、团组织和其他社团组织。这些组织是学生自我教育、自我服务、自我管理的主要形式,也是学校做好学生管理工作的保证。

加强学生组织建设,要选好、用好学生干部。学生干部来自学生,他们既是受教育者和被管理者,也是学校管理干部的助手,还是学生活动的直接组织者和学生基层组织的管理者。要建设一个良好的集体,必须有一批优秀的学生干部,选好、用好学生干部对于学生管理工作至关重要。

加强学生组织建设,要发挥学生组织的教育、管理功能。学生组织是学校系统中的一个子系统,加强组织建设,目的就是要发挥其作用。在教育方面,学生组织可以通过组织学生学习理论知识、时事政治、业务知识,通过举办演讲会、座谈会、报告会,组织学生参观、访问、调查和参加劳动等活动,帮助学生共同探讨理想与现实、自由与纪律、民主与集中、权利与义务、学习与工作、事业与爱情、个人与集体等方面的关系。依靠正确的导向,可以在学生中形成追求进步、关心集体的舆论,形成刻苦学习、勇于进取的良好的学风,形成遵守法律、讲究道德的文明环境。在管理方面,学生组织要依靠管理制度,配合教师和学校的管理干部,做好组织协调工作,提高管理效能。在服务方面,学生组织既要为学生服务,也要为学校服务。

加强学生组织建设,就要改进管理方法。方法是完成任务、实现目标所必不可少的手段,任何组织要实现管理目标,没有良好的方法,必然事倍功半。反之,管理方法得当,就会事半功倍。可见,采取好的管理方法,是提高效率的有效途径。学生组织的自我管理也不例外,一般来说,在学生组织自我管理中,制度管理法、榜样示范法、正面激励法、民主管理法等都是不可缺少的部分。

3. 加强社会实践活动,完善学生的自我管理

加强社会实践活动,要做好教学过程中实践环节的自我管理。高校学生的

根本任务是学习并通过学习提高自己的智力和能力,而教学过程中的实践活动正是学校为了使学生把所学到的知识运用于实践所安排的。作为学生,只有较扎实地掌握本专业的基础知识、基本理论和基本技能,才能称为合格的学生。所以,做好教学过程中的实践环节是学生自我管理的首要问题,每个学生都是根据自己专业的特点和实践的要求,自觉地参加实验、实习、考察和劳动等实践环节,并做到勤学习、勤动手、勤思考、勤总结,努力提高自己掌握和运用知识的能力。

加强社会实践活动,还要做好校内外的实践活动的自我管理。校内外实践活动是教学环节的开拓和延伸,也是充分发展学生自己爱好、特点和长处的好途径。搞好校内外实践活动的自我管理有四点:一是根据自己的爱好和特长,组织或参加学校的社团活动,培养自己自主、自强的责任感,培养自己适应社会发展所需要的素质。二是积极组织并参加学校开展的各种竞赛活动,在活动中培养自己的参与意识、竞争意识和集体意识,锻炼自己的组织能力和社交能力。三是充分利用假期,开展社会调查和各种形式的社会服务,在参与中了解社会,坚定信念,促进自己的全面发展。四是完善管理制度和管理措施,克服松散管理和多重管理现象。

学生自我管理的途径和实现自我管理的方法很多,不论采取哪种途径和方法,管理效果都取决于社会、学校的关怀和支持,同时也取决于学生自身的努力和修养。高校学生只有在学校、家庭、社会的教育、管理指导下,树立崇高理想,加强道德修养,善于学习,勇于实践,坚持把个人理想同社会需要、把个人命运同祖国前途结合起来,自我管理才能卓有成效。

二、高校学生民主管理

大学生既是建立良好校园秩序的主体,也是建立良好校园秩序、达到培养人的目的的客体。建立良好的校园秩序目的是培养人,必须通过大学生内心的响应,通过自身的积极性和主动要求才有可能实现这一目的。

在社会主义国家,公民不仅是社会管理的对象,同时又是社会管理的主人。因此,我国的大学生在高等学校里,参与民主管理既是主体与客体统一的体现,又是我国大学的社会主义性质的体现。

(一) 民主管理的概述

(1) 大学生民主管理。大学生民主管理是指根据社会主义民主的本质，运用社会主义民主的形式，充分调动并发挥大学生内在的积极因素和自主精神，在学校行政管理人员的领导下，组织大学生参与管理，达到培养德、智、体全面发展的"四有"人才的目的。大学生参与民主管理具有社会主义的方向性，离开了社会主义的方向，管理就失去了目标，也失去了意义。大学生民主管理采用社会主义民主的形式，是民主集中制的民主，而不是无政府主义和极端民主化的民主。

大学生民主管理是高等学校大学生管理系统中的子系统，是大学生管理的一种形式，它的基本作用和形式是参与和监督。它在学校领导和老师的指导下，既可参与行政管理部门的管理，又可管理学生自己的事务。

(2) 大学生民主管理的必要性和可能性。校园秩序的一个重要的方面是大学生的学习和生活秩序，建立良好的校园秩序要靠学校的科学管理，但如果没有大学生的参与和管理，把建立良好的校园秩序只作为学校的事情，那么，良好的校园秩序就难以建立，所以调动大学生参与民主管理的积极性，是建立良好的校园秩序的需要。发动大学生参与民主管理不仅可以提高管理效能，而且可以在管理实践中提高他们的才干，这正符合培养目标自身的需要。

当代大学生自主意识较强，对被人管理往往持反感态度。但是实践证明，他们的"自主"往往带有很大的随意性，没有学校的严格管理和引导不利于他们的健康成长。当代大学生的参与感很强，愿意通过参与管理提高自己的才干和能力。因此，调动大学生参与民主管理的积极性，既是可能的，也是必要的。

(3) 大学生参与民主管理的意义。通过大学生参与民主管理，使大学生在实践中接受社会主义民主教育，培养大学生正确的政治观点、正确的社会主义民主意识和民主精神，对于培养社会主义一代新人，对于全社会政治上的安定团结都具有十分重要的意义。大学生参与民主管理，可以构建学校领导和学生之间的信息渠道，密切学校领导和广大学生的联系，有利于建立良好的师生关系；有利于学校领导及时了解学生的情况，改进工作作风；有利于政治上的安定团结；

有利于培养一批有领导才干、有管理能力、有献身精神的积极分子，这对于党的建设和社会主义事业都有着重要的意义。

（二）民主管理的组织形式

（1）学生民主管理的组织。大学生的组织包括共青团组织和学生会组织，就学生参与民主管理的目标和方法来说，二者都可以看成学生民主管理的组织形式。共青团是党的助手，是先进青年的群众性组织，学生会是大学生的群众组织，他们各自的目标和任务虽不尽相同，但就建立良好的校园秩序、培养社会主义建设人才的总目标来说，又是完全一致的。共青团组织和学生会组织都要在学校党组织和行政管理系统的领导下开展活动。无论哪一个组织都不是完全独立于学校党政领导之外的，所以都不能称为自我管理组织。班级组织和团支部组织是学校实行民主管理的最重要的基本组织，调动这些组织中的大学生民主管理的积极性，完善民主管理制度，对于建设良好的校园秩序，具有特别重要的意义。

（2）学生介入学校管理系统参与学生管理的形式。这是通过学生代表参加有关学生管理会议，反映学生的意见、要求等形式来实现的。如有的高校聘请学生代表出任行政领导干部的助理等，就属于这一种形式。

（3）专业性的学生民主管理组织。比如有的学校建立学生宿舍管理委员会、伙食管理委员会、卫生管理委员会、治安保卫管理委员会、纪律管理委员会等，通过学生自己处理或协助学校处理问题，维持校园秩序。这些组织在行政管理部门的领导、协助和支持下组织起来并进行工作，但不能自行制定和学校的规章制度相抵触的管理制度。

（三）民主管理的原则

大学生参与民主管理必须遵循以下几项原则：

（1）导向的原则。民主管理的导向就是把民主管理引导到坚持四项基本原则，反对资产阶级自由化，坚持遵守法律、法规以及学校的纪律、条例，坚持党的教育方针，坚持正确的道德取向等。导向正确，不仅使民主管理不迷失方向，而且能培养学生守法、守纪的意识和习惯。

（2）自主和尊重的原则。民主管理要调动学生的积极性，就要充分发挥学生的自主精神，减少依赖性。要充分相信并支持他们自己作出的符合原则的决定，有了错误，也要尽可能启发学生自己去纠正，要避免伤害他们的自尊心。管理者的责任是加强领导并及时给予指导，尽量不要代替学生作出决定，要尽可能让学生站在管理的前台。

（3）启发的原则。有些在管理者看来是简单的事，大学生可能会争论不休，这是由于学生缺乏实践经验造成的。管理人员只能给予适当的启发，尽可能由学生自己去下结论，不要轻易代替学生作出选择或简单地下结论。

（4）充分讨论的原则。民主管理相比于指令性管理要复杂得多，反反复复地讨论，要花去很多时间，但只要是认真讨论，时间就不会白费。

（5）允许犯错误的原则。民主制度本身包含着产生错误的可能性，因为多数原则只服从多数，而真理有时在少数一边，要求学生在民主管理中一定不出错误是不现实的，有时正是在错误中才学到了更多的东西，关键是出了错要勇于承担责任，勇于改正错误。管理干部要勇于承担责任，培养一种敢于承担责任的意识。

（6）民主程序的原则。实行民主管理一定要遵循民主管理的程序，只有严格遵守民主程序才能在实践中提高学生民主管理的积极性、民主精神及守法意识。

（四）民主管理的教育和引导

调动大学生民主管理的积极性，必须加强对大学生的教育和引导。具体有如下四点：

（1）实践少，存在不少糊涂观念。大学生参与民主管理如果缺乏社会主义民主理论的教育，就有可能走偏方向。

（2）要加强民主管理中的责任意识教育。参与学校民主管理不仅仅是尽义务，而且也是大学生的权利。无论是履行自己的义务还是行使自己的权利，都离不开正确的责任意识，尽义务是一种责任，行使权利也有责任，而这种责任的目标取向就是学校对学生的培养目标。责任意识的强弱和民主管理的效能形成正比。

（3）在管理实践中帮助学生干部树立良好的作风。要培养学生干部密切联系群众的民主作风，批评与自我批评的作风，谦虚谨慎、戒骄戒躁的作风以及勤俭节约、艰苦奋斗的作风。管理干部自身的良好作风也将对学生产生潜移默化的教育作用。

（4）支持和帮助学生参与民主管理工作。对参与民主管理的学生，在强调为人民服务的前提下，要根据其不同的职责，给予不同的物质和精神支持。必须重视对他们的个别教育帮助，既要以诚恳、热情、耐心的态度帮助他们解决生活、学习、工作中的具体问题，帮助他们总结工作中的经验教训，也要帮助他们解决工作中的思想和认识问题；要和他们建立良好的友谊、密切的关系和深厚的感情，要把培养爱护学生干部和培养党的积极分子统一起来。

（五）民主管理的应有作用

（1）培养学生的责任意识、纪律意识和法律意识。很多学校用发动全校学生民主讨论的方法来修订管理制度，并将讨论修订的条文提交全校学生或学生代表大会投票表决，然后由校长批准施行。讨论的过程就是一个学习和教育的过程，凡是讨论认真的，也往往是准备认真执行的，因此，也就培养了责任意识、纪律意识和法制意识。

（2）培养学生的自律精神。把学生的积极主动精神调动起来，在日常的生活和学习中参与管理，不仅可以加强和改善管理，而且可以培养学生的自律精神。

（3）培养学生公平诚实的精神。一个学习阶段完成，有大量的工作要做，比如评定奖学金、评选优秀学生和学生干部、进行毕业鉴定等。这些都可以发动学生民主讨论，培养学生的公平诚实精神。

（4）培养学生社会主义民主意识和民主精神。在强调坚持四项基本原则的前提下，对学生组织的活动应尽量放手，让学生自己去组织活动，严格按民主程序去处理日常工作。

三、高校学生社团活动的管理

学生社团是经过学校批准，由本校学生在自愿的基础上组织的群众性团体。近年来，社团组织发展迅速，社团活动已经成为学生课外活动的重要形式之一。

加强社团活动的管理,是学生自我管理和民主管理的一项重要任务。

(一)学生社团的发展和作用

1. 学生社团的发展

学生社团的发展,在我国具有久远的历史。近代中国开始有了新式的高等学府。在当代中国的高等学府里,近几年来,学生社团组织的发展如雨后春笋,无论是就其数量,还是就其活动范围和参加人数而言,都远远超过以往任何历史时期。今天,社团活动已经成为大学生课外活动的重要组成部分。

综观目前高校学生社团组织,按其活动性质可以划分为兴趣型社团(根据兴趣爱好自愿结成的团体,如桥牌协会、文学社、书法社等)、学术型社团(以专业学习、研究和交流为目的组成的团体,如经济管理协会、科学技术协会等)、服务型社团(以科技、文化服务和劳务服务为主要内容的团体,如各种科技、文化中心)三大类。此外,还有在学校组织或直接指导下开展活动的文化型社团(如文艺社团、乐团等)和新闻型社团(如学生通讯社、记者站等)。

2. 学生社团的作用

学生社团组织是学生自我管理、自我教育的重要形式之一。因此,不论哪种类型的社团组织,都可以在学生自我管理和自我教育中发挥重要作用。社团组织通过开展活动,可以把具有共同兴趣爱好的学生组织起来,丰富课余生活,开阔知识视野,增进同学间的友谊,增强集体观念和协作精神,提高实际工作能力。不同的社团组织可以吸引不同兴趣的学生,调动各个层次学生的学习积极性,有助于他们在各自的起跑线上前进和发展。

此外,不同类型的社团组织,还有特殊的作用。例如,学术型社团组织对于培养学习积极性、主动性和钻研精神具有重要促进作用;兴趣型社团活动可以丰富学生课余文化生活,陶冶情操,提高文明修养水平;服务型社团活动有助于学生树立劳动观点和群众观点,加深对国情民情的了解,增加社会责任感和历史使命感;文化型社团和新闻型社团,由于其专业性强,所以能在对学生进行有关专业训练方面发挥重要作用。当然,必须正视学生社团活动中可能出现的问题。如果管理不好,有的学生社团就可能被某些不良组织利用,对学生的健康成长起相反的作用。这也告诉管理者,对学生社团活动加强引导和管理,是非常必要的。

(二)学生社团的申请、成立和解散

1.学生社团申请的基本条件

学生社团不是社会团体。学生社团是本校学生自愿组织的群众性团体。兴趣、爱好相近的学生,在自愿的基础上,可以向学校申请成立社团,但在申请成立社团时,须具备以下几个基本条件:

(1)有社团章程。社团章程必须明确规定本社团的宗旨和活动目的。任何学生社团,均不得反对四项基本原则,不得从事有碍学生身心健康的活动。社团章程必须经过本社团成员讨论通过。

(2)明确社团活动的内容、开展活动的方式和时间,以及接纳社团成员的办法等。社团活动的内容应与社团宗旨和活动目的相符合,应以丰富和补充课堂知识、活跃课外生活为主。社团开展活动一般应在课余时间进行,以不影响社团成员的正常学习为基本原则。接收和调整社团成员应有规定和程序,禁止个人独断。

(3)有相应的组织领导机构,明确社团筹备负责人。学生社团的组织机构、领导机构,一般应以便于组织和开展活动为设置的原则,不宜设置烦琐和庞大的机构,要实行民主集中制的组织原则。社团筹备过程中,必须指定临时负责人,一经批准成立,应民主选举或协商产生正式负责人。社团负责人,必须具备以下基本条件:政治思想好,努力学习,熟悉本社团业务,热心社会工作,有一定的组织领导能力。专业性较强的学习社团,还应聘请指导教师进行政治和业务指导。

(4)活动经费有可靠来源和相应的管理办法。学生社团可以在社团成员同意和可能承担的前提下,规定社团成员一次或定期缴纳少量会费,也可以采取正当方式筹集部分经费。但无论以何种方式取得的经费,必须有专门办法、专门机构或专人进行管理,并定期在社团内部公布收支情况。

2. 学生社团的成立

（1）申请成立学生社团的程序。学生社团筹建过程中，如果同时具备上述四个基本条件，则可以正式申请成立。但要求必须有正式书面申请。

正式书面申请应包括以下内容：申请成立社团的原因和理由；拟成立社团的名称；社团的章程和宗旨；社团规模和现有成员数，活动内容及活动方式；社团筹备负责人基本情况；社团活动经费来源及管理办法等。正式书面申请须先经集体讨论通过，然后由社团筹备负责人送交学校有关部门，并由社团筹备负责人向学校有关部门做必要的说明。若学校暂未明确学生社团审批部门，可以将正式书面申请送达与本社团活动内容相近的学校有关部门。

（2）确定是否批准某个学生社团成立之前，应对正式书面申请的内容进行审查，并做必要的实际调查和了解。学校有关部门决定批准或不予批准某个学生社团成立，应有书面通知，并通知社团筹备负责人。对批准成立的社团，学校有关部门应规定该社团的主管部门，必要时可规定辅导教师负责。对未被批准的社团，学校有关部门要做好解释工作。

经学校有关部门批准后，学生社团可以正式成立，开展活动。未经批准的社团不得成立和开展活动。需要特别指出的是，跨学校、跨地区、面向社会的团体，不属学校社团之列。学生申请成立这一类社会团体，应当按照我国民政部公布的《社会团体登记管理条例》的规定办理，学校无权受理此类申请。

3. 学生社团的解散

学生社团的解散，具体包括以下两种：

（1）学生社团的自行解散。由于学生流动快，学生社团成员变化较大，容易导致社团活动停止、社团组织自行解散的情况。学生社团自行解散，要向批准成立的部门报告，同时要妥善处理遗留经费和物资。凡属个人的，应当返还本人，其他剩余部分上缴学校。

（2）学生社团的强制解散。学生社团活动应当严格遵守有关法律和规定。社团活动发生违反宪法、法律和有关法规，并造成严重影响，或严重损害学生身心健康，或严重干扰学校秩序，或与本社团宗旨无关，经劝告仍不改正等情况时,学校有关部门可以责令该社团停止活动,并强制解散。对社团负责人和有关直接责任者,可以按有关规定作出相应的处理。

(三)学生社团的活动和管理

1. 学生社团活动的基本原则

(1)学生社团必须服从学校领导和管理,社团活动要遵纪守法。学校有关部门和学生社团的主管部门代表学校归口管理学生社团,并对学生社团实行政治领导。学生社团要主动争取并自觉接受领导和管理,要防止出现游离于学校的领导和管理之外的学生社团组织和社团活动。

学生社团活动要符合我国宪法、法律和校规校纪的规定,要在学生完成教学计划内学习的前提下进行。学生社团组织还要发挥自我管理和自我教育的作用,教育和帮助社团成员认真遵守宪法、法律和校规校纪;学生社团活动要符合本社团宗旨。学生社团要认真按照确定的宗旨开展活动,不得从事与本社团宗旨无关的活动。

(2)学生社团邀请校外人员到学校进行社会政治活动和学术活动,均须经学校同意。学生社团邀请有关专家、学者和知名人士到学校进行有关内容的演讲、座谈和社会政治活动,对提高社团成员的水平、丰富社团活动内容,都有积极意义。但是,为了加强管理,学生社团组织或个人不得随意邀请校外人员来校从事有关活动。

学生社团组织或个人邀请校外人员(包括外籍人员)到校举办学术讲座、发表演说、进行座谈和讨论等活动,须经学校批准。组织者应在三天前向学校有关部门提出申请,说明活动的内容、报告人和活动负责人姓名,学校有关部门应当在拟举行活动的4小时前将许可或者不许可的决定通知组织者。讲座、报告等社会政治活动和学术活动,不得反对我国宪法确立的根本制度,不得干扰学校的教学、科研和生活秩序等。对于违反上述规定的活动组织者,要根据校纪,酌情予以处理,对于正在进行的这类活动,学校有关部门可以责令立即停止进行。

(3)学生社团创办面向校内的报刊,须经学校批准。学生社团可以根据需要创办面向校内的报刊，但报刊内容应限定在本社团宗旨范围内。在正式创刊之前，要向学校有关部门提出申请，说明办刊宗旨、登载内容、出版周期、经费来源，以及编辑人员组成等有关情况。未经学校有关部门批准，不得印刷和散发、张贴自办报刊。

出版面向校内的报刊，要求学生社团高度负责，认真选择稿件，尽量减少或不出差错，特别是不应出现政治性的失误。为此，应当主动争取有关主管部门帮助把关。报刊应标明已经学校有关部门批准字样或标注批准号。报刊停止出版，应向原批准部门报告。学生在校的主要任务是学习，因此，不提倡学生创办面向校外的报刊，如果创办面向校外的报刊，必须按照有关规定报政府有关部门批准，并接受指导和管理。

2. 学生社团活动的管理

学生社团活动吸引了众多学生，涉及面既宽又广，形式多种多样。而且，学生社团种类繁多，既有一般娱乐性的，又有学术性的和政治性的；既有正式合法的，也有非正式和非法的，等等，这就加重了学生社团管理的难度，同时也对学生社团管理提出了更高的要求。

（1）学生社团的管理。

首先，学校要加强对学生社团管理工作的领导。社团管理是一项政策性较强的工作。学校应当根据本校学生社团的现状和发展趋势，根据学生社团的类型，分别确定相应的归口管理部门，配备或指定一定数量的管理人员具体负责学生社团组织、社团讲座和社团报刊的审查、批准和管理等项事宜。不仅如此，学校党政领导要亲自主持研究和制定学生社团管理的有关重要政策和措施，亲自处理某些涉及面广、影响较大的社团组织或个人发生的问题。

其次，要加强对社团发展方向的引导。要帮助学生社团把握正确的发展方向，特别是教育和引导各个社团坚持正确的政治方向。一般地说，对于学术型和专业性较强的学生社团，可以选派相关的教师或管理人员进行业务辅导，同时也进行政治方向的引导。对政治性较强的政治性社团，应予特别重视和关心。要选派政治上坚定，有较高的政治理论水平的领导干部和教师作为这类社团的指导教师，切实保证其政治方向、活动内容和活动形式等不发生偏差。

最后,要加强对社团负责人的培养和教育。社团负责人是学生中的骨干,他们的政治思想和品德素质如何,直接关系到社团组织能否健康发展。因此,要把社团负责人真正作为学生积极分子队伍的一员,组织他们参加业余党校、团校和党章学习小组等学习活动,引导和帮助他们认真学习马克思主义理论,提高政治觉悟和思想理论水平,提高组织能力。还要经常与他们促膝谈心,了解社团活动情况,帮助解决社团活动中出现的问题,引导社团健康地发展。

(2)非法组织和非法刊物的管理。

所谓非法组织和非法刊物,主要是指违反宪法和法律,违反四项基本原则的组织和刊物。从更广泛的意义上说,凡未经必要的程序申报并得到批准,或者所从事的活动或登载的内容违反国家的有关法律、法规的组织和刊物,均属非法组织和非法刊物之列。对这类非法组织和非法刊物,必须进行整顿或坚决取缔。

我国社会主义革命和社会主义建设过程中,特别是改革开放以来,在社会上和高等学校内,曾一度出现非法组织和非法刊物的非法活动。事实说明,非法组织和非法刊物对高校乃至整个社会的稳定,对于正在进行的建设和改革事业,都有极大的破坏力。因此,高校管理工作者在进行社团管理的同时,要特别注意防范非法组织和非法刊物,决不允许其以任何方式活动,以任何方式印刷出版,在组织上、行动上实行任何形式的联合。对非法组织和非法刊物,一经发现,要坚决制止其活动,同时配合有关部门依法取缔。对其成员,要分别不同情况予以必要的处理。

第四章 高校学生的系统化管理与创新研究

随着社会主义市场经济体制的逐步完善，我国高等教育事业快速发展，高等教育体制改革逐步深入，学生的思想观念日益复杂，因此，应对高校学生进行系统化管理，并加以创新。本章重点探讨高校学生社区化管理与实践、高校学生社会实践化的管理与创新及高校学生管理工作的信息化建设。

第一节 高校学生社区化管理与实践研究

一、高校学生社区管理

随着我国高校改革的进一步深入，以寝室为单位的学生社区的地位日益突出。学生社区（本书简称为学区）是社区概念在学校管理中的反映，学生社区是大学生在校学习、生活、休息的基本活动场所。社会学研究表明，第一社区是一种地域上的存在，第二社区是"它的实质是人的聚居与互动"。就第一层意思而言，社区的特点是居民的共同居住；第二层意思则表明社区具有文化功能。就一所高校而言，学生社区指这所高校的所有寝室和周边环境（学生公寓）以及这种环境所能达到的最大的育人功能。

（一）高校学生社区管理的内涵

这一概念一共包含两个内容，一是指区域环境，二是指文化功能。区域环境即是指：一方面，学区是校园的区域组成之一，是校园内的地理分区，是学生的居住区；另一方面，学区也是学校的一个重要管理区，就社会组成结构来讲它是组成学校管理的结构之一，学校与学区存在某种程度上的隶属关系。[①]

在完全学分制实施的背景下，学生群体间专业、班级甚至年级的界限日益模糊，作为学生的居住区其地位随之上升，以满足学生以居民身份与学校以及相关社会机构进行实质性对话的要求。文化功能更多地表现为社区人文环境与居民生活的相生相融，成为社区居民接受文化教育的主要阵地。学生社区在文化功能上还要承担更多的责任，要确保"文化为了教育，教育为了学生"，它具有更加鲜明的目标和内容指向。

高校学生社区的主要功能，就是要使学区成为高校德育工作一个有效的有机环节。它承担的主要任务是为未来社会培养合格的社会公民，从社区角度出发，即要培养适应社区生活，与社区和谐相处的居民。一个社会的现代化归根结底是人的现代化，是人的意识和人的才能的现代化。社区作为社会构成的单元部分，它的现代化更离不开其居民，即社区成员意识的现代化。因此培养具有社会意识的现代人必然成为现代教育的任务之一。学生社区作为社区的特殊形态，同样要求其居民（学生为主体）以社区理念处理社区事务。从这一角度讲，学生社区承担向居住其间的不同年龄、不同性别、不同生源、不同专业的学生灌输现代社区意识，将其培养成为积极参与社区事务、能适应并完善未来居住环境的合格居民的任务。因此，学生社区更像一个准社区，就如同学校向各行业输送人才一样，它负责向未来的社区输送高层次的居民。

由此可见，区别于城市一般社区和农村社区，学生社区是附属于学校的，由定期流动的学生和相关管理人员组成的，在具备相应的物质功能的同时，还应形成相应的育人功能的一类特殊形态的社区。它不单有显而易见的区域含义，同时也是一个过程，即一个通过整个学生社区成员（主要指学生）的积极参与和依靠学生社区的创新精神来完成其育人功能的过程。同社区一样，学生社区一词也有一种温暖的劝说性意味，它是一种情感力量，让学生具有对物质环境

---

① 刘伦. 高校学生管理制度创新探索[M]. 重庆：重庆大学出版社，2006.

的归属感。在同一学区里，不同学生的关系建立在相互依存和互惠的基础之上，这种互惠和相互依存是自愿的、理性的，是通过自主参与实现的。学生参与是学区存在的反映，只有通过学生参与才能使学生的多样性以及他们归属学区的不同方式具体表现出来。①

（二）高校学生社区管理产生的背景

（1）我国高等教育现代化和国际化发展趋势需要一种符合高校学生教育管理的新模式。为了克服高校持续扩招带来的后勤设施不足，我国高校借助国外发达国家高校后勤社会化的管理体制，或引进社会资金，或集资联建，或贷款与集资相结合，大力兴建学生公寓，并推行了后勤社会化管理，较稳定快速地解决了学生的住宿、餐饮、娱乐等一系列学习、生活、文化活动设施建设存在的经费短缺问题。但后勤社会化却带来了高校管理的"二元化"问题，即对学生的学习实行的是与西方高校不同的传统教学行政管理，而对大学生的生活却推行了类似西方大学的社会化管理，教学行政管理与社会化管理事实上存在于"两个体系"中。高校学生工作面临的挑战是：怎样将"行政管理"与"社会化管理"两个体系合二为一，从而达到对学生人格的教育的统一。

（2）我国高等教育改革和发展不断深化需要改革传统管理模式。面对高等教育的改革和发展的现实情况，尤其是高校学分制改革的逐步深化，传统的班级概念趋于淡化，以班级作为思想政治教育基本组织形式和主要工作渠道的情况正在改变，社区越来越成为大学生学习、生活的重要场所。同时，随着高校后勤服务社会化步伐加快，学生社区的环境氛围、社区的文化设施和社区管理服务的质量如何，以及社区管理模式怎样，这些对传统的高校学生工作提出了新的问题。因此，高校社区化管理被提上了议事日程。

（3）适应学生群体特征，加强和深化高校思想政治工作，需要一种更切合实际、具有实效的教育管理新模式。高校学生思想政治工作者，必须根据变化了的情况，及时调整工作思路，作出应对之策。面对高等教育的日趋现代化和

---

① 王凤彬，李东. 管理学 [M]. 北京：中国人民大学出版社，2000.

国际化，特别是教育教学改革的不断深化，高校改革向纵深发展的新形势，高校学生社区管理如何坚持社会主义办学方向，很多高校在开展党建与思想政治工作以及日常教育管理工作方面，与时俱进，不断创新，探索出了一条符合形势发展要求和高校实际的学生教育管理新路径，即高校学生社区化管理。高校学生社区化管理是加强和深化新时期高校学生思想政治工作的需要。

二、高校学生社区化管理的实践研究

（一）高校学生社区化管理的现状

1. 社区化管理国内目前的三种类型

大学生社区目前在我国已普遍存在。就现在的全国各地大学生社区的现状来看，目前主要存在三类管理模式的大学生社区。

（1）跨省（市）的大学城社区。这类学生社区的特点是规模大，学校多。从大学所在的省（市）来划分，既包括大学城所在地的大学，也包括外省（市）的大学；从大学的性质来划分，既包括理工大学，也包括综合性大学和专门大学；从学校层次来划分，既包括研究型的本科大学，也包括专科学校和职业技术学院。

（2）同省（市）的大学城社区。这类大学城社区的特点是规模较大，高校多的有数十所，少的也有几所到十几所，大学属于本省（市）的大学。如重庆市的虎溪大学城，其入住的学校就有重庆大学、重庆医科大学、重庆师范大学、四川美术学院、重庆科技学院等多所高校；上海市的松江大学城，入住的有复旦大学影视学院、东华大学、上海外国语大学、上海工程技术大学、上海对外贸易大学、华东政法学院、立信会计学院等多所高校；广州市的广州大学城有中山大学、华南理工大学、华南师范大学、广东工业大学、广州美术学院、星海音乐学院、广州大学、广州外国语学院、广州中医药大学、广东药科大学等多所高校；南京市的仙林大学城有南京师范大学、南京中医药大学、南京财经大学、南京邮电大学、南京森林公安高等专科学校等多所学校；武汉市的黄家湖大学城也是一个规划占地约40平方公里，规模达到可容纳20万学生的大学城。

（3）由一所具有一定规模的大学构建的学生公寓式社区。这类学生社区的特点是，在原学生宿舍区的基础上，进行管理模式上的改革，即对原有计划经济条件下的学生宿舍式管理模式，实行后勤社会化改革，实现社区式管理；随着学校规模的扩大，对新建的学生宿舍实行社区化的管理。这类由单个学校构成的公寓式学生社区目前全国也不少。以重庆为例，重庆交通大学、重庆邮电大学、重庆工商大学等，其学生公寓式社区即是这类社区。

2. 社区化管理的实践

（1）单一院校学生社区管理模式。

这类学生社区管理学生来源单一，规模相对较小，管理容易到位。因此通过社区党总支、支部、学生党员接待室、社区团组织、社区学生会、心理咨询室等的构建，就形成了从学校党委行政到社区学生寝室的完整管理体系，使各类社区管理中容易发生的问题能得到及时有效的解决。这类管理模式总的来说比较成功。

重庆交通大学曾作出"构建人才培养新体系，全面实施学生社区化管理"的决定，按照"学生公寓不仅是学生生活、学习的重要场地，更是课堂之外对学生进行思想政治工作和素质教育的阵地"的指导思想，构建学生社区，成立党总支和管委会，全面负责所辖学生宿舍区的党建与思想政治教育、学生日常管理以及后勤服务等各项工作的统一管理和统一协调。重庆交通学院在全国高校中率先迈出了学生社区化管理的步伐。

目前，重庆交通大学根据学生宿舍区分布情况成立了四个学生社区，建立了属于正处级单位的四个学生社区党总支，配备专职辅导员，同时建立管委会，下设办公室、楼党支部、后勤党支部、分团委、学生会、学生党员接待室以及物业管理分中心、保安部、饮食服务中心等机构。社区党总支（管委会）主要负责人由学校委任，学生楼党支部书记由政治辅导员担任，开发商派驻社区的物业管理公司、饮食服务中心、保安部等负责人由学校聘任为管委会副主任。学生社区党总支（管委会）在学校党委领导和学生工作部的具体指导下，全面负责所辖学生社区的党建与思想政治工作、日常教育管理、成才指导、生活服务等各项工作；社区物业管理分公司、保安部、饮食服务中心等机构按照相应的职责权限在学生社区党总支（管委会）的统一领导和统一管理下开展工作。

在学生社区化管理模式运行过程中，重庆交通大学坚持做到"七进社区"，即：学生党团组织进社区、政工干部进社区、学生社团进社区、学生党员接待室进社区、网上思想政治教育工作进社区、心理咨询进社区、学生自我管理组织进社区，在大学生社区管理上全面跟进，以新的教育思路初步成功地探索出学生社区管理新模式。

（2）跨省（市）大学城与同省（市）大学城。

集中多所高校的跨省（市）大学城社区的学生管理的特点是，城区规模大，学生人数多，基础设施可以得到有效利用，在生活管理上可以取得相应的效益。但与之相对应的是，正是由于学生人数多、涉及的学校多，因此，在管理上也容易出现某些漏洞，这种管理的漏洞主要不是寝室管理的不规范，或者教学设施使用上的混乱，事实上，一个大学城在学生寝室的管理上是完全可以统一规范的，在教学设施的使用上也可以更好地充分利用。这里的管理漏洞，往往更多的是指各个地区、各个学校对学生管理要求的不一致、不统一。因而就可能出现这样的情况，有的学校管理得较严格，有的学校管得相对较松，这一严一松中，就可能出现管理信息上的不完整，问题就可能从薄弱部分反映出来。用管理学的术语来表述，就是"木桶效应"，即木桶里的水会从箍桶板中最短的一块木板中漏出来。跨省（市）大学城管理上需要解决的问题是如何在发挥规模效益的同时，避免由不同省（市）、不同高校在学生管理制度上的非一致性而产生的薄弱环节，从而使教育部颁布的《普通高等学校学生管理规定》得到实实在在的执行。

与跨省（市）大学城一样，单一省（市）大学城充分利用基础设施、扩大管理效益的优势也是明显的，但同样存在各高校间学生管理不一致的问题。这种不一致，不仅源于各高校之间的专业特色，也源于各高校的定位：有的是研究型大学，有的是教学型大学，有的是综合型大学，有的是多科性大学，有的是专门的学院（如医科、工科、农业、教育等），有的是职业技术学院等。同时，还存在着不同高校对学生管理的认识不一致的情况。有的非常重视，可能在管理上就做得比较细，有的认识可能不到位，可能管理就会有疏漏。这种管理的不一致，将可能导致大学生社区管理出现偏差，使得因为信息反馈的不及时、管理的不到位而酿成工作失误。

3. 社区化管理取得的实践成效

实施学生社区化管理不但可以较好地应对高校后勤社会化改革和教育教学改革给高校学生教育管理带来的新机遇、新挑战、新任务和新问题,而且使学生党建与思想政治工作的着力点更明确、体系更完善、育人机制更健全,对学生的教育管理成效也更明显。其主要作用表现在以下几个方面:

(1) 能够增进各学校、各级组织与学生之间的交流和情感联系。近几年不断出现的学生与学校间的法律纠纷一度成为整个社会关心的热点问题,相关专家指出,发生这些问题的一个很重要的原因是学生与学校之间缺乏必要的、平等的交流与沟通,因此引发出学生、家长、社会与学校之间的诸多矛盾。而社区化管理改变了师生以前对社区化管理改革的消极认识及评价,通过政工人员和学生社区中的党团组织机构与心理咨询机构的工作,缩短了学生与组织间的空间距离和心理距离,进一步体现出思想政治教育应具备亲和力和感染力的特点,师生之间、学生与组织之间、学生与学校间的关系也更加自然和谐。

(2) 服务机构和成才育人环境将更加优化。在以社区党总支为核心的管理体系中,综合利用好各种服务机构,加强统一指导,能为学生的成才提供一个更加完整、科学、有序的体系和空间,使社区的管理和服务更加快捷、完备。社区化管理可以科学整合各种资源,增强教育管理合力,在社区管理体制下诞生各种健全、富有活力的社团组织,为社区创造丰富多彩的科技文化氛围,为学生素质的拓展提供更加立体的空间,对学生个体知识结构的完善、个性的培养和素质的拓展发挥了积极作用。从管理和经营角度提出社区的统一管理思想和教育理念,为学生的成才和教育机构的育人提供了更加优化的内外环境,能够有效保证高校连续扩招后教育管理质量和学生素质的稳步提高。

(3) 更加有利于贯彻"以人为本"的管理理念,更加优化育人效果。在以人文素质、健康成才教育等为主要内容的氛围中,学生真正成为学校服务的对象和主体,自始至终坚持把学生的成才放在第一位。如果要在整个教育过程中真正地贯穿这一主旨,就必须为学生的成长与发展提供良好的物质条件,在此基础上创造良好的"求知、求真"的学术氛围,营造出一种以人文素质、健康成才教育等为主要内容的道德文化育人氛围，给予学生一种积极的引导，使学生在良性的德育氛围的感染熏陶下主动去锻炼、提高自己，最终培养学生良好的生存适应能力。

（二）高校学生社区化管理的理性思考

1. 社区化管理面临着机遇和挑战

全面实施学生社区化管理已经迈出了高校学生思想政治工作具有代表意义的一步，在国内各高校先后进行的各种形式的理论研讨和实践探索，解决了部分理论和操作问题。但是全国高校地域分布广泛，办学特色不一、教育环境和教育条件参差不齐等因素决定了任何一种管理模式都要经历一定的过程。社区化管理在实践探索过程中仍存在许多具体挑战，主要表现在以下几个方面：

（1）内部机构关系和运作方式尚欠科学和完善；构建并处理好教育、教学、招生就业三大平台之间的关系；需要进一步处理好教学管理与教育管理、社会化服务管理及教育教学管理之间的关系；科学分析和分配学生教育管理平台内部机构间的权重等。

（2）对实施学生社区化管理的后继问题重视程度和研究不够，前瞻性理论探索较少。例如，随着改革的进一步深化，政治、经济、社会、文化、教育等诸多方面将会出现许多新的变化，学生社区的管理要怎样适应这些变化等问题缺乏研究。

（3）急需提升学生社区的价值，即使学生社区在学校机构设置、运行体制、社会效益、育人过程中体现出更大的效度和影响力。

（4）在跨省（市）大学城和同省（市）多所大学集聚的大学城，存在着学生社区管理不统一的问题。由此可能导致一些不稳定因素从管理的薄弱环节滋生，有可能成为影响全局稳定的因素。

2. 社区化管理的对策

高校学生社区化管理无论是作为高校适应社会发展的需要还是内部区域管理策略，或对学生进行方向性教育的过程之一，都有着十分重要的现实意义，在现有的基础之上展开这方面的建设应注意以下几点：

(1)借鉴国内外高校学生教育管理模式,不断加强实践探索和理论创新。

传统的学生工作观念一直轻视寝室的育人功能,将寝室当作完全物化性存在,因而在实际工作中只重视学生生活环境的维护与保持,没有自觉地发挥寝室作为学校育人工作环境之一的应有作用。同时,由于工作视角单纯停留于单个寝室,而未能将以寝室为单位组成的学区纳入视野,也很少注意学区育人功能的发挥。

在高校,学生的专业教育一般由各个教学系(院)来完成,学生的思想政治工作则由学校和学院具体的学生工作机构来完成,学生的物质生活需求由后勤部门来满足,而对学生进行未来生活训练,培养其成为遵守社区规范,具备相应社区意识的文明公民的教育任务却没有一个成型的组织来承担。这无疑是大学教育的一个疏漏,从这个角度讲,建立大学生社区,完善学生社区管理,是完善高校育人职能,优化高校育人环境的必要举措,是当前高校学生工作迫切需要解决的问题之一。只有自觉地将学生社区建设纳入学生管理工作中去,并给予其应有的地位,学生社区培养社区现代公民的育人功能才有成为现实的可能。

因此,加强理论建设和创新一定要贯彻开放办教育的理念,不断增强学习意识与开放观念,不断加强理论建设。高校学生社区化管理需要改革者的开放观念和博大胸怀,通过不断比较发现差距,促使在社区化管理的过程中自觉主动地探索理论,积极准备改革所需的条件;应提倡各高校之间的交流与合作,互促互进,在实践中不断积累宝贵经验;应夯实理论基础,加强理论建设创新,为高校学生社区化管理向纵深发展而共同努力。

(2)完善运行体系、解决机制问题是社区化管理的关键所在。

机制是不可或缺的软件,建设好学生社区需完善三大机制,即学生社区运行机制、学生社区志愿者参与机制和学生社区的内部激励机制。学生社区的运行机制是学生社区得以正常运转的前提。运用学生社区公共设施和相关权力,以满足服务需求为目标,不断提高服务质量,保持服务的功能成本,长期维持服务的再生产,这种周期性的进程状态即是学生社区的运行机制。这一机制本身说明学生社区组织的非营利性,或者说非营利性是学生社区行为的特征之一,是学生社区自我服务、自我调节功能的体现。不断地实现这一机制良性运转的关键是服务质量,服务质量同样也是确立学生社区形象的基础,是学生社区存在必要性的证明。

学生社区的志愿者参与机制是培育学生社区人文生态环境的深层次社会文化问题。在学生社区中建立一支具备一定数量和质量的志愿者队伍不仅是一种管理现象,更是一种文化现象。事实上志愿者本身即是社区意识的内在有机组成部分,是社区成员积极参与社区事务的显性表现。在学生社区,志愿者的行为是建立一个以人为本、文明互助、共同参与的和谐学生社区的重要途径。

学生社区的内部激励机制是学生社区积聚人心、发挥作用的保证,学生社区的非营利性能否像企业一样具有关注效率的动力,主要有两个问题:其一,非营利性组织的动力主要在于获得居民的满意和社会的认可,这是一种深层次的心理需求。市场经济导致人们会为利而动,在这种情况下,为他人和社区努力工作的人尤其会得到他人和社会的尊重。其二,个人运用社区职能通过解决社区矛盾进而解决个人问题的有效途径。一个发育良好的学生社区环境通过事务公开化、透明化,将工作者的各种努力、困难、成绩和失误显现出来,靠来自外部的反应去推动自己努力改进工作,从他人眼中看到自己的状态从而调整自己的行为,进而完善自我,即学区的内部激励机制。

(3)教育管理结构和管、教关系的调整和平衡。

学生社区建设是一项系统工程,必然需要对原有学生社区管理结构进行调整,科学处理教育和管理的关系。首先必须结合高校实际对原有学生工作进行结构性调整,并建立健全相应的规章制度,要从根本上解决这些问题,还需要处理好管理载体、教育平台、育人方式等全方位的问题,头绪纷繁芜杂,加之无成型的经验可借鉴,面临的问题和难度都还较大。但以结构调整作为切入点,是一个比较可行的思路。具体要处理好以下几个关系:

一是各级学生社区与社区总管理委员会之间的纵向关系。各学生社区管理委员会在人事安排上是一致的,都是根据三大职能安排负责人。学生社区总管理委员会由专职政工人员组成,负责相关政策制定、处理学生社区与校内外各社会机构关系、领导学生社区等工作。各分委的工作重点落实在学院一级,它依托学生专业而保持相互之间的独立性,同时与总管理委员会保持一致性。各支委是学区管理的基层组织，它直接与楼层和寝室发生联系，同时也可在力所能及的范围内与相关单位交涉学区事务，因此也应具备相对的独立自主能力。

二是校学工部门、团委与学生社区总管理委员会的关系。学生社区总管理委员会是校学工部的职能部门之一，是学生社区管理中最具有实权的管理层次，尤其在实现学生社区维权的功能方面，其作用更加明显。学生社区主要通过总管理委员会实现与相关部门的平等对话，解决实际问题。团委介入学区管理，主要体现在对学区成员的思想教育与严格管理方面。各学院学生工作办公室的主要负责人一般也是学院的团总支书记，因此共青团这条线的介入有利于加速形成一支由各院（系）团总支专职干部、各学生辅导员组成的宿舍思想教育、纪律管理、寝室内务管理队伍，有利于各项活动的协调，保证宿舍后勤管理的顺利开展。同时，团委是学生思想政治工作与校园文化工作的主角之一，团组织又直接指导各级学生会组织，有利于将寝室文化活动纳入整个校园文化建设中去综合考虑，从而引导寝室文化向高层次发展。

三是校学工部门与社区的关系。对于单一高校组成的学生社区而言，这层关系可以体现某种专业特色。以专业安排学生寝室的高校，可使整片宿舍区基本上也成为一片专业区，很多基层工作需要在这一层面来组织和解决。高校学生工作部可以通过本校学生会来协调与支委的关系，这其实也是将基层学生工作重心由班级向寝室转移的一种方式，从而使学区成为校园内各项学生活动展开的活跃区域之一。对于多所高校组成的大学城而言，这种关系还必须增加一层，即各学校学工部门与大学城管委会之间的协调关系，各类管理工作与活动除了考虑本校的相关特色外，还应与大学城管委会协调，通过管委会与大学城内其他高校协调，使其活动或管理产生更大的规模效应。

四是根据学生社区职能，设立相应的管理机构。从人事角度处理，在大学城管理总委、分委、支委上各自安排人员以执行这三大职能。学生社区管理支委设学生社区区长一名，副区长一名，志愿者队长一名，也可根据实际情况适当增加管理人员数量，从而形成以学生社区区长、志愿者队长、楼长、宿舍长为主的学生社区管理基层机构。校院级学生社区管理机构可在原有学生寝室管理机构的基础上合理增加或加强学生社区的相应职能（例如学生权利维护等）。

这种管理方式并未对原有的学生管理结构做大幅度的调整，从而使其更具有现实可行性。学校、学院、楼层（或公寓）三级管理有助于发挥不同优势，校学工部、院学工办和院学生会的介入使学区工作顺利地纳入学生管理工作轨道，从而保证原有学生工作的连续性，方便学校相关部门对学区工作进行帮扶指导。当然这种管理布局也不是适合所有院校。对此，还有一种更加彻底的解决办法，即将学生会组织直接设立在各个学区之上，由校学区管理委员会和校团委直接指导各个学生社区的工作。

五是制度和机构设置要同步。为了学生社区工作的顺利开展，制定相关制度是必要的。但从目前学生工作的状态来看，能否保障学生社区管理委员会具有相应的学区管理权利，能否保障学生作为学区居民与学校、后勤等部门具有平等对话的权利以及能否保障学生通过民主渠道参与学区乃至学校相关事务是影响学区生命力的决定性因素。

六是细化管理规章，解决管理的薄弱环节。这对于多所学校组成的大学城管理尤为重要。一定要通过管理规章的细化与统一，解决不同学校在管理上的疏漏。现阶段，各地的学生社区建设面临许多新问题：如学生社区规划问题、党的组织问题、学生社团活动如何与学区管理结合问题、学区矛盾与纠纷是否应用法律手段解决问题等，这些问题都会现实地摆在大家面前。但无疑实行学区管理是符合高校教育规律的，它体现了思想政治教育与规律工作相结合，融于学生具体生活实践的德育原则，提高了学生工作的规律层次，有利于学生自立、自主、自强意识的培养，有利于为社会培养具有现代人文意识、现代生活观念的社会主义新型公民。

（4）准确把握高校学生社区化管理的发展方向。

随着高校社会化改革的不断深入，高校学生社区化管理应该向哪些方面发展是目前需要讨论的重点问题。学生社区应该成为培养德、智、体全面发展的人才及"管理育人、服务育人"的重要阵地，应该是影响大学生成长、成才的重要环境和学校精神文明建设的窗口。因此，高校学生社区化管理应该成为高校改革的重点，有些传统的管理模式已不能适应高校的发展，学生社区化管理势在必行。从高校社区化管理的发展方向看，不断完善学生社区的教育管理机制，积极探索学生社区管理的新思路、新办法，建立与传统的班级管理模式差距较大的新型大学生社区管理模式是今后发展的方向。

1）智能化管理方向。

管理智能化就是借助信息技术手段，建设学生生活网络和社区管理服务网络，用计算机等现代科学技术进行科学的管理和服务，体现高效管理，实施高效服务：将几栋学生宿舍形成的社区实行联网管理，学生进出公寓进行红外刷卡管理，减少管理人员，杜绝外来人员的进入；对社区内部的床位、电费、水费管理等都实行智能化管理系统；在此基础上增设学生社区BBS、公寓管理员信箱和住宿信息、电话号码、火车时刻、住宿费、超额水电费、卫生考评等网络查询功能，将现实世界、书本世界和虚拟世界有机结合，通过网络服务平台为学生提供更加方便快捷的生活网络服务。

学生社区的智能化管理就是建立智能社区进行各方面的管理，促使管理模式的合理化、管理方法的科学化。智能化社区的建立，对学生公寓的安全管理，尤其将学生进出、消防报警、用电负载识别等上升到了一个全新的层面。广泛运用计算机平台的自动化技术和智能化技术开展这些工作，可以大大提高管理效率、准确性、可靠性和安全性，还可以解决许多单靠人力不能解决的问题。通过实时微机管理，可以随时了解入住学生的基本情况和日常动态，形成服务方与学生之间的双向联系，形成社区管理信息的流通，推进管理科学化、智能化的进程。

2）人性化管理趋势。

人性化管理源自企业管理范畴，指以情服人来提高管理效率。通俗地讲，人性化管理风格的实质就在于充分尊重被管理者的自由和创造才能，从而使得被管理者愿意怀着满意或者是满足的心态以最佳的精神状态全身心地投入到工作当中去，进而直接提高管理效率。人性的管理是情、理、法并重的管理，而不是放任的管理。这种管理精神对高校的学生社区化管理同样适用。

人性化管理的核心是以人为本，充分相信学生的自我管理能力，应尊重学生的权益，鼓励学生的自主和创新，不能把学生当作没有思想甚至没有自主能力的群体。高校学生社区化管理要实现人性化，管理者首先要看到每个学生身上的闪光点和个性，以亲和的态度去了解他们，关心他们，教育他们，进而管理他们。比如可以推进高校政工干部进入学生社区，学校选派优秀的学生工作干部进驻社区，与学生同吃、同住、同生活，社区老师经常深入寝室，了解学生的生活状况和思想动态，帮助学生解决实际困难，把解决学生的思想问题与解决实际问题密切结合起来。政工干部进社区，对转变政工干部的观念和学生的认识，加强学生与辅导员之间的沟通，拉近与学生的距离具有实效，能够真正做到使思想政治教育工作贴近学生学习、贴近学生生活、贴近学生心理，确保思想政治工作的有效开展。

人性化管理对教育管理者提出了更高的要求。要求管理者放下以上令下的特权，抛弃先入为主的视角，重新审视师生关系，科学处理制度与人的作用间的关系。人性化管理要拒绝以制度和惩罚措施压迫他人的方式，而是以管理者自身的人格魅力去教育人，构建一种深层次的管理者与被管理者间的和谐关系。具体来说，学生工作部门和具体执行者要首先严格要求自己，做到制度制定的合理性、科学性和可操作性，制度执行的一致性和公平性，以及针对特定情况的灵活性。在接触到具体管理对象的时候要以人性的关怀和理解为管理动力，寻求二者间的良性互动，从而达到思想政治工作需要的效果。

第二节 高校学生社会实践化的管理与创新

一、高校学生社会实践化的管理

（一）社会实践化的重要意义

1. 社会实践含义

高等学校的人才培养途径是多种多样的，其中正确引导学生参加社会实践就是其中重要的一种。在早期的大学里，人才的培养主要是通过在课堂上系统地传授理论知识来达到的。随着社会生产力的不断提高和发展，对教育和人才培养也提出了新的目标，那种仅仅靠传授理论知识的方式已渐渐显得不适应。因为现代化的生产过程不仅要求人才掌握大量的理论知识，而且还应该具有较强的动手和创造能力，具有科学的社会观和责任感，具有较高的道德素质和心理素质，这些方面仅仅靠课堂教学是难以完成的。所以，现代工业产生后，社会实践就作为一种重要的教育方式被引进大学的教育过程，其重要作用日益引起人们尤其是教育工作者的重视。

大学生社会实践是一种以实践的方式实现高等教育目标的教育形式，是高等学校学生有目的、有计划地深入现实社会，参与具体的生产劳动和社会生活，以了解社会、增长知识技能、养成正确的社会意识和人生观的活动过程。大学生社会实践是高等学校教育活动的重要环节，它与课堂教育相辅相成，共同完成高校的人才培养任务，实现学生的全面发展。①

2. 社会实践的重要意义

（1）是大学生树立科学世界观的需要。

世界观是人们对世界的一般看法和根本观点。任何正常的人在其生活的过程中都会形成自己的世界观，但由于个人生活环境、所受的教育和影响不同，人的世界观也有很大差异。总的来说，世界观有正确和错误之分，要将正确的世界观理论化、系统化，变成科学的世界观。保证大学生形成正确的世界观并使之科学主要需有两个方面的努力：一是大学生要经常与社会接触，不断突破事物的表面现象，深入事物的本质，从而不断校正原来从现象上获得的肤浅的或错误的认识，使自己的认识符合事物的本质及规律；二是要对大学生进行系统的思维训练，通过学习前人正确的世界观理论，了解人们在世界观上容易走上歧途的种种可能，让大学生对自己的世界观进行经常的反思，并不断地充实新的科学的内容。因而社会实践对大学生建立科学的世界观很有必要。

1）参加社会实践活动是大学生确立唯物主义历史观的需要。大学生正处于青年时期，可塑性很强，是世界观、社会历史观形成的关键阶段。大学生系统

---

① 刘伦. 高校学生管理制度创新探索[M]. 重庆：重庆大学出版社，2006.

的专业知识学习和思维训练,对于形成唯物主义历史观固然是大有帮助的。但就目前情况看,在校大学生年龄普遍较小,接触社会的机会不多,社会经验不足,大部分同学对社会的看法简单化、片面化、理想化,这对大学生形成正确的历史观十分不利。克服这一不利的根本途径就是让大学生走出校门,深入社会生活,在社会实践中了解社会,从实践中发现真理,使他们的历史观与现实生活相符合。

当然,社会实践中接触的都是具体的社会事物,不可能通过一两次实践就改变了对社会历史的看法。不过,处在形成过程中的大学生的历史观是容易发生变化的,一旦接触了较多的社会事物,加之正确的引导,就会使他们的历史观发生转变。众所周知,只从政治理论课上学习历史唯物论只能学到"知识",而要使知识转化为信念,使所学的理论真正转化为学生的历史观,必须通过社会实践。

2)参加社会实践活动是建立科学的价值观的需要。通过开展大学生社会实践活动,能够发现社会实践活动对大学生形成科学人生观至少有如下几个作用:首先,它可以帮助大学生摒除理想中不符合实际的因素,使他们正确对待个人与社会的关系,培养踏踏实实的工作作风;其次,它可以帮助大学生树立坚强的意志,培养无私奉献的精神;最后,它可以帮助大学生接近群众,深入群众,为走与群众相结合的道路打下良好的基础。

3)参加社会实践活动是培养社会主义信仰的需要。大学生在不久的将来,就会踏上工作岗位,成为祖国的栋梁之材,肩负起全面建设小康社会和实现中华民族伟大复兴的历史使命。因此培养大学生的社会主义信仰是大学生思想政治教育的首要任务。而对社会主义的感情仅靠读书是得不到的,必须通过社会主义给我国带来的巨大变化、给广大人民带来的实惠中亲身感受和体验。

(2)是提高大学生能力的需要。

当代大学生积极踊跃地参加社会实践活动,有利于弥补大学生的不足。当代大学生绝大多数是在学校的围墙中长大的,大都走的是从小学到中学再跨入大学的升学之路,从而造成他们的社会阅历浅、社会经验少、实践经验匮乏等弱点。只有在实践活动中,才能使书本知识与实践操作合二为一。事实证明,通过开展社会调查、科技咨询、信息服务、义务劳动等社会实践活动,不仅可以使学生的智力资源得到直接的、有效的开发，达到分数与能力的统一，而且，书本知识与实践的结合，还可以使个性不同的学生通过实践活动各获所求，各取所需，弥补大学生自身的弱点和不足。

（3）是知识分子与工农群众相结合的需要。

回顾历史，凡是有所作为，有所创造的青年和知识分子无不投入到轰轰烈烈的社会实践中。许许多多的政治家、经济学家、教育家、军事家、文学家等都是在社会实践活动中茁壮成长起来的。他们在实践中身体力行，为人们提供了光辉的典范。所以，只有广泛、深入地参加社会实践活动，与广大工农群众相结合，才是大学生健康成长之路。

（4）是全面建设小康社会、实现社会主义现代化建设的需要。

当代的大学生，将成为21世纪我国社会主义现代化建设的骨干力量，大学生参加社会实践，有利于他们在社会主义物质文明、精神文明、政治文明建设中大显身手，在专业知识社会实践、国情民情社会实践和树文明新风的社会实践中促进经济、政治、文化的平衡发展，从而为全面建设小康社会起到积极的推动作用。

（5）是大学生社会化的需要。

社会化是指个人与社会生活不断调适，使个人由"自然人"发展为"社会人"的过程。大学生正处于社会化的最后阶段，显然，在许多方面已趋向成熟，但为了适应社会生活，仍需进一步学习，而首先就是要从社会实践学起。

1）社会实践可以增强大学生的社会责任感。很多高校组织学生到基层开展社会实践活动，使同学们提高了对改革的复杂性、艰巨性的认识，增强了他们的社会责任感。在社会实践中，越来越多的大学生认识到，社会需要的是热情的、直接参加这项伟大建设工程的人。通过社会实践，许多大学生克服了原来自视清高的习气，自觉并充满激情地投入到学习、生活和工作中。

2）社会实践可以推进大学生实现社会角色转变。社会实践活动能够帮助大学生找到自己和社会要求之间的差距，看到自身知识和素质上的缺陷，启发学生对自己进行重新认识和正确评估，促使学生重新确立自我价值实现的基点，在纷繁复杂的社会中找到个人和社会的最佳结合点。

3）社会实践可以促使大学生与长辈们沟通代际关系。在社会实践中，大学生以普通劳动者的身份，直接参加社会财富的创造活动，培养了他们尊重劳动成果、尊重父辈们的思想感情。在与父辈的沟通中，大学生被父辈们几十年如一日，努力改善家乡面貌的精神所感动。同时，在这样的过程中，父辈们也看到青年大学生的长处。总之，在社会实践中，两代人之间可以相互沟通和相互理解，彼此消除对对方的偏见，进而有效地促进两代人之间的有机结合。

（二）社会实践化的发展趋势

1. 社会实践活动社会化

大学生社会实践活动作为教育活动的主要形式之一，具有三个基本的构成要素，即实践活动组织者、实践活动本体和实践活动主体。而这三个构成要素的社会化，则分别有其不同的含义。实践组织者的社会化，是指动员全社会的力量来关心、组织大学生的社会实践活动，这是实践活动社会化的基本条件；实践本体的社会化，是指具体实践活动过程的内容与形式，必须以社会需要和社会所提供的条件为基础，这是实践活动社会化的重要途径；实践主体的社会化，是指通过实践活动，把社会的价值体系内化为实践参加者（大学生）的价值体系，使之成为高度合格的社会成员，这是实践活动社会化的根本目的。由此可见，实践活动的社会化，就是指动员全社会的力量，组织以社会需要和社会所提供的条件为基础的实践活动，达到把大学生培养成为高度合格的社会成员的目的。

（1）实践活动组织者的社会化。

从近年大学生社会实践的实际情况来看，社会实践活动凡是得到社会各界支持的，一般都取得了较好的成绩。但从发展的角度来看，当前社会实践活动社会化的程度还远远适应不了进一步发展社会实践活动的要求。社会实践活动的深入开展必然会出现人数多、空间广、时间长、效率高、内容实的特征，而这些特征的出现，必然依赖于社会各方更多的支持，具体有以下三点：

1）实践活动必须得到党和政府的支持。党和政府对人才的培养具有不可推卸的责任，且在人才培养方面占据重要地位。大学生的社会实践活动作为国家培养高层次人才的重要环节，必定会受到党和政府的关心和支持。

2）实践活动必须得到高校自身的支持。高校作为教育培养大学生的责任承担者，具有最直接组织学生社会实践活动的优势，而组织学生进行社会实践活动，又是高校完成人才培养任务的重要手段。因此，高校在组织大学生进行社会实践的过程中，应起到主导作用。

3）实践活动必须取得社会团体和企事业单位的支持。通过社会团体来支持社会实践活动，才能调动更多的人来支持实践活动；企事业单位作为高校学生未来的工作场所，具有作为社会实践活动基地的现实意义，而实践活动在企事业单位开展，又必须有企事业单位提供的种种便利条件。

（2）实践活动本体的社会化。

实践活动本体是大学生有目的地与外界不断发展的现状发生联系，并相互作用的具体实践过程。这一过程是大学生不断强化自身本质力量，促进自身全方位社会化的重要途径。实践活动本体的社会化，正是指这一过程的内容和形式，必须以社会的需要和社会所提供的条件为基础。实践活动本体的社会化，应建立围绕教学的实践与其他方面的实践有机结合的理想目标模式。围绕教学的实践主要包括教学实验和教学实习等。这是一种配合课堂教学而进行的实践活动，它直接与学生所学知识以及自身具备的能力发生联系，是初级阶段运用最多、群众性最强的实践活动，也是学生进行其他方面高层次实践的能力准备环节。不应当过分追求其他方面的实践而忽视教学实验和教学实习。

其他方面的实践包括社会考察、社会服务、勤工助学等。这是间接地与学生所学知识和自身具备的能力发生联系，也是学生围绕教学进行实践的成果检验。这些方面实践的主要形式有社会调研、参观访问、旅游观光、技术培训、咨询服务、社会宣传、科技开发、挂职锻炼等。由于这些方面的实践和社会联系得更紧密，一般较受学生的欢迎，但必须注意使之在时间、资金、人力上同围绕教学的实践互不干扰，在学校统一布置的基础上使两者达到和谐的统一。

（3）实践活动主体的社会化。

实践活动主体的社会化，实际上要完成的是大学生社会化的加速，是要将大学生培养成为高素质的社会成员，是要通过社会实践使大学生更快地在社会中汲取社会能量和获得社会信息,并通过各方面的自我调适,增强自身的能力和素质,完成自身全方位的社会化。而促进实践主体的社会化,必须注意以下几个方面,具体如下:

1)实践主体自身系统应具有开放性。开放性系统要求大学生不能在自我封闭的状态下自我满足,而是必须同自身周围的实践环境进行物质、能量和信息的交换,并依靠这种交换保证自身由不稳定向相对稳定过渡。而这种开放性不仅要求大学生确定高度责任感,而且要求大学生必须具备敏锐的接收、分析、处理和运用外界事物的能力,从而使自己在实践中不断得到发展和提高。

2)实践主体应不断进行自身角色的调适。大学生的实践角色与其社会期望角色之间,总有一定的角色差距。而大学生在实践过程中,由于自身是一个开放系统,就能够认识到这种差距并调整自己的学习和实践,从而使自己的角色得以实现,使自己大学阶段社会实践中的社会化任务得以完成。

3)实践主体应促成自身个性的形成。个性化是社会化的一个高层次组成部分,社会化中如果没有个性化的存在,就会变成统一化和模式化,就只能造就墨守成规的书斋先生,就会使人失去改造社会的生机和活力,失去创造性和开拓性。因此,大学生在社会实践中,应勇于思考、敢于发现、认真锻炼,促进自身个性的形成。

2.社会实践制度规范化

实践制度规范化的目的是为了使社会实践活动做到有章可循、有据可依,保证社会实践活动持续有效地开展。它的标志是具有权威、系统全面、切实可行并具有自我发展机制的实践制度体系的建立。

(1)实践制度的规范化是社会实践活动发展的必然趋势。

人的思想认识不能代替规章制度,没有完善的、系统的规章制度,不注意实践制度的规范化,只凭各级实践组织者的临时决策组织实践活动,决策正确则可促进实践成果的取得;决策失误就会阻碍实践的深入。因此,要保证社会实践持续稳定的发展,必须改变人治局面,完善实践制度。

当前加强实践制度的规范化工作,不仅非常迫切,而且非常必要。首先,加强实践制度的规范化工作,有利于促使全社会的力量来共同关心、组织大学生社会实践活动，形成全社会组织大学生社会实践活动的强大"合力"。其次，加强实践制度的规范化工作，有利于实践组织的科学化。由于现实的实践基础已经存在，加强实践制度的规范化工作已成为可能。当前，各级党政群团组织、各个高校已开始了社会实践工作，不少企业也为实践活动的开展提供了资金、基地和其他各种方便，且近年来已制定了一些关于社会实践活动的规章制度，这些有利因素为强化实践制度的规范化奠定了较为坚实的基础。

（2）实践制度的规范化要求各级实践组织者必须制定出正确的实践制度。

实践制度的规范化，绝不是各种实践制度的单独罗列，也不是各种实践制度的简单相加，而是要在各级实践组织者协同的基础上建立科学的实践制度体系。这个体系首先要求各级实践组织者正确地制定制度，同时要求制定的各种实践制度相互衔接，对于衔接不紧密的地方应及时加以调整。需协同的各级实践组织有以下几方面：

1）党和政府对实践制度的正确制定。在实践制度的制定方面，党和政府必须起到宏观统一管理制度制定的作用。要首先着眼于建立统一机构，实行统一规划，统一决策，统一目标，统一评价，促成社会实践活动的统一性、系统性、整体性、持续性，充分发挥社会各界的力量，保证社会实践发展的正确方向。同时党和政府作为核心的组织者，要协调各个单位部门之间的关系，激发各个单位部门的责任感和积极性。

2）高校对实践制度的正确制定。在高校，大部分社会实践活动是由思想政治工作部门（如学生处、团委、学生会）来组织实施的。由于学校、社会的各种因素的影响，其主要利用假期进行，由于缺乏制度和支援保障，严重制约了大学生社会实践活动的深化。要改变这种状况，就必须加强高校大学生社会实践中的制度化建设。首先，高校应将社会实践活动纳入学校教育、管理工作的体系中去，由相关职能部门组织落实；其次，将学生社会实践活动的表现以及成绩作为全面考核大学生素质的重要内容；最后，要建立相应的制度，提高教师组织、参与社会实践的积极性。

3）社会团体和企事业单位对实践制度的正确制定。在众多支持社会实践活动的社会团体（如工会、共青团、青联、学联）中，共青团起着众所周知的主导作用。在制定制度的过程中，团组织要通过量的指标确立各级团组织的组织实践任务，并通过对岗位职责的定期考核和将考核结果作为团的工作评价内容，来激发各级团组织和团干部组织实践活动的责任感和积极性。各企事业单位和农村基层组织，是大学生校外实践的主要基地承担者。因此，在制定实践制度时，首先要注意大学生的生活问题，如吃饭、住宿、医疗的安排；其次注意安排好学生的临时实践指导人或联系人，为大学生熟悉实践环境，完成实践任务创造条件；最后还要用客观的评价尺度对学生参加实践的表现作出科学评价，以备高校了解学生的实践效果。

4）各级实践组织者对实践制度的共同协调。大学生社会实践活动作为系统工程，要求各级实践组织者制定的实践制度必须协调一致，对于不能衔接的地方，应予以调整。各级实践组织者必须首先认真学习实践组织核心即党和政府所制定的实践制度，在了解统一规划、统一决策、统一目标的基础上，制定自己的实践制度，同时加强各方的沟通和联系。

（3）实践制度规范化的标志是实践制度体系的建立。

在各级实践组织者对实践制度正确制定和共同协调的基础上，实践制度必然逐渐趋于规范化，而实践制度达到规范化的标志，是富有权威、系统全面、切实可行并具有自我发展机制的实践制度体系的确立。如果能够建立起具有这样特征的实践制度体系，就标志着实践制度已达到了规范化的程度。

3. 社会实践组织科学化

作为系统工程的大学生社会实践活动，要获得最理想的效果，不仅取决于实践活动的社会化程度和实践制度的规范化程度，还取决于实践组织过程中的科学化程度。大学生社会实践活动作为高等教育的重要组成部分，社会将会对它提出越来越高的要求。而实践组织的科学化正是要通过不断地研究社会实践的基本规律，并严格遵循规律组织实践活动，来动态地满足社会的要求。因此，实践组织的科学化，就成为社会实践活动发展的必然趋势，它将贯穿于社会实践活动的全过程。

（1）实践目标设定和方案优选的科学化。

实践目标设定和方案优选实际上是实践活动的设计过程，它将确立的是整个实践活动的蓝图和指南,因而也是整个实践系统工程释放最大量、最优化工程的基础环节。要使实践目标设定和方案优选科学化,就必须做到以下几点,具体如下:

1)实践目标设定基本科学。所谓实践目标设定基本科学,应包括三方面的内容:第一,要求实践目标的切实性,即实践目标的设定绝不是组织者一时意志冲动的结果,而是在对社会、学校、个人三方面要求深入调查的基础上做出的,通过努力可以达到的;第二,要求实践目标的层次性,这个目标又包括两个层次:一是总体目标,即培养社会主义事业的接班人,二是具体目标,它既是总体目标的具体化,又是总体目标的分解,规定具体实践活动所要完成的任务;第三,要求实践目标的发展性。由于教育活动周期较长的特有规律,实践目标的设定不仅要以现实为基础,还要以未来对人才需求的趋向为依据。

2)实践方案优选基本科学。实践方案优选的好坏,不仅关系着活动目标能否完成,而且决定着整个实践能否成功。一般来说,实践方案优选主要包括:首先,需要遵循方案设计的广泛性原则,即要从多方面、多角度设定方案。其次,实践方案优选还要遵循方案选择的民主性原则,即优选方案应征求实践组织者、实践参加者的意见。最后,实践方案优选需要遵循方案确定的最优化原则,即优选方案必须考虑到活动时期社会的需求、参与实践者的客观条件与主观性限制等。

(2)实践方案实施的科学化。

实践方案实施的科学化,就是要尽量减少方案实施的阻力,以更好地完成已设定的实践目标。因此,要求实践组织者在实践活动本体运行前,必须注重实践客观条件的准备和实践主体的调适,如资金落实能否到位,实践基础的准备情况,实践指导老师的确定等;在实践活动本体运行中,必须注意对反馈信息的收集、整理、分析,并在此基础上对实践方案、实践活动本体、实践活动主体进行调控。

(3)实践成果总结的科学化。

要达到社会实践培养社会化大学生的目的,就必须认真做好总结、消化、吸收工作,从而进一步深化社会实践的成果。具体实施如下:

1）加强社会实践活动各环节、各方面的考核。一要考核大学生在实践中的表现，包括参加社会实践的时间长短、态度好坏、所在单位的评价；二要考核大学生实践的收获，着重看学生认识国情、了解社会、认识自己的思想觉悟的提高和知识、智力、技能的提高；三要考核调查报告、心得体会的写作质量。同时，上级组织者还要考核下级组织者各方面的组织情况。

2）扩大成果，将单个的社会实践成果转化为大学生共同的精神财富。要举办社会实践心得交流会，让学生谈体会，交流实践感受；要举办实践成果展览，让更多人受到启迪教育；要举办跨校成果评比交流，让实践成果在不同高校间流通。

3）升华思想，把感性认识上升到理性认识。要重点抓大学生对坚持社会主义道路、树立为人民服务人生观、走与工农相结合道路重要性的认识；要重点抓大学生对艰苦奋斗重要性、改革开放重要性、解放思想重要性的认识。

4）在实践中体会和总结组织理论，并运用理论进一步指导社会实践。各级实践组织者，要通过实践组织理论的研讨、交流，进一步深化社会实践管理经验，使社会实践在广度、高度、深度上进一步发展，更好地为培养社会化大学生服务。

（三）社会实践化的实施

1. 社会实践的形式

（1）参观型社会实践活动。这种社会实践活动通常是组织学生到风景名胜、工厂参观考察、座谈了解，虽然对学生能起到一定的教育作用，但这种方式与旅游参观有些类似，除了增进学生之间的友谊，加深学生对祖国大好河山的了解以外，能真正达到教育目的的可能较少。于是学校就把这种社会实践活动作为对优秀学生或学生干部的奖励，组织少量学生参加，但花费较多，取得的效益却不多。

（2）活动型社会实践活动。这种社会实践以文化、科技、卫生三下乡为主，通常做法是学校与某地联合，在某地以学校为主，组织几台文艺演出，动员群众前来观看，或组织大型的科技咨询、文化宣传、医疗服务活动。这种方式场面宏大，气氛热烈，影响也较大，但投入多，组织复杂，参与的学生也不是很多。

目前这种社会实践活动已成为学生社会实践活动的主要形式，但还需要改进。

（3）生产型社会实践活动。这种社会实践以高年级学生、研究生、博士生参加为主，他们参加生产活动的某一环节，成为其中的一员。一方面，既利用自己已有的知识促进生产的发展，另一方面，又在实践中学到了书本上没有的知识，相得益彰。这种社会实践活动花费不多，但效果实在，达到了帮忙不添乱的目的，有较强的生命力。

（4）课题型社会实践活动。以学校老师牵头，各相关年级学生参加，组成课题小组，通过广泛深入的调查宣传活动，对课题进行攻关。这种社会实践活动学生参加的积极性比较高，而且能得到一定的社会资金支持，也能长期开展下去。

（5）挂职型社会实践活动。这种社会实践活动主要是以组织的形式到机关、社区、乡村担任各种职务的助理，做一些社会工作。这种社会实践活动受到机关、社区、乡村的欢迎，但目前参加的人数较少。

（6）学生自发型社会实践活动。学生在假期，通过参加社会招聘活动、上门自荐活动等形式，参加到各种社会生产活动中去，除体验社会生活的酸甜苦辣外，还能利用自己所长，在为社会服务的同时取得一定的报酬，补贴学习或生活所需。这种社会实践活动除参加的学生较多外，学校支出也不是很大，应该进行鼓励。

（7）互动型社会实践活动。这类实践活动的参与者既有大学生，又有城乡基层的市民、农民。在活动中，他们互为参照对象，通过相互学习、相互帮助，不仅双方共同获得进步，同时也促进了社会主义物质文明、精神文明、政治文明建设。

2. 社会实践的活动内容

（1）社会调查活动。深入城镇、乡村，开展社会调查、考察；深入城乡各地、部队、科研院所、企事业单位开展社会考察和社会调查活动，从而引导学生了解社会、了解国情，同时对社会和企业的发展献计献策。社会调查和考察的直接目的是了解社会的实际情况，认识社会现象的本质及其发展的客观规律，是一种搜集和处理社会信息的方法，在现代社会具有越来越重要的作用。当前，大学生社会调查逐渐向专题化、重效益、重应用方向转化。

（2）科技服务活动。科技服务活动面向经济建设主战场，面向城镇社区、县乡的中小型企业、乡镇企业，结合所学专业，发挥技术特长，在教师的指导下开展科技攻关、工程设计、科技成果推广、科技咨询和技术服务等活动，使科学技术为现实生产服务。

（3）文化服务活动。深入城镇社区和贫困乡村，开展文化培训、科普讲座、法律宣传和咨询活动，服务社区和乡村的两个文明建设。

（4）公益劳动和文明共建活动。包括校内公益劳动，校外社区服务活动，与企事业单位、部队、科研院所、乡村、居民委员会等单位开展其他形式的文明共建活动。

（5）互动活动。大学生党员与城市社区党员、农村基层党员、企事业单位党员在建立党的先进性教育长效机制中的互动活动。

（6）信息服务活动。信息服务是指通过一定的途径把人才、工农业、科学技术及社会生活等方面的信息资源的开发利用情况提供给被服务单位，并把被服务单位的信息传递出去，以期取得一定的人才效益、社会效益和经济效益。大学生通过在校学习所掌握的专业知识，可以通过开展信息服务把信息资源的开发过程及成果传播到各个领域，进一步加以利用，在信息资源的开发利用之间架起一座桥梁。

（7）勤工助学活动。勤工助学对学生个人和国家都有重要的意义，对个人而言，它有助于学生个人的成长和成才；对国家而言，它有助于国家高科技人才的培养，有助于国家教育制度的改革和教育的不断发展。例如，在假期，通过做兼职教师、推销员、打字员、秘书、酒店服务员等工作，一方面，可以在一定程度上解决贫困生的经济问题；另一方面，也是高校开展社会实践活动、培养学生自立自强精神的有机组成部分。

（8）教学实习活动。教学实习是教学计划内的社会实践，是在教学计划规定的时间内进行的，要求每个学生必须参加并取得学分，是实现专业培养目标、保证人才规格质量的必修课。教学实习，包括认识实习、生产实习、毕业实习等，是理、工、农、医等专业大学生社会实践的主要形式，是把生产劳动引入教学，对大学生进行思想政治教育、职业道德教育、专业教学和职业训练的基本环节。

二、高校学生社会实践化的创新

（一）社会实践理念的更新

新时代不仅对大学生有了新的要求，同时赋予了大学生社会实践新的任务，要适应时代，就必须实现大学生社会实践理念上的更新。

（1）将大学生社会实践与建设社会主义新农村的需要结合起来。社会主义新农村的建设包括新农村的经济、政治、文化等诸多方面的内容。如何建设社会主义新农村，显然仅靠国家投入资金是不够的，广大农村还必须投入更多的智力资源、文化资源。而大学生是掌握着一定基础知识和专业知识的青年知识分子，他们的参与无疑会有效地促进社会主义新农村的建设。大学生加入社会主义新农村的建设中，又会为他们的专业知识提供用武之地，使他们的实际能力得到提高。将大学生的社会实践与建设社会主义新农村的需要结合起来，意味着对大学生的社会实践在观念上要有一个更新或变革，即：要从过去单方面地将大学生作为社会实践的受动者——通过社会实践提高工作能力，培养良好的思想品德，转变为大学生既是社会实践的受动者，又是社会实践的"受动者"——大学生作为科技知识和精神文明的载体在实践中去建设社会主义新农村。

（2）将大学生社会实践与城市社区精神文明与政治文明建设的需要结合起来。当把大学生既看作社会实践的受动者又视为社会实践的"受动者"时，就应充分利用大学生这一科技知识和精神文明的载体，将其运用到变革社会的活动中去，将大学生的社会实践与城市社区的精神文明和政治文明建设的需要结合起来，持久、稳定而有效地开展社会实践教育活动，使大学生在促进城市社区精神文明与政治文明的社会实践中，自身也得到提高和锻炼。在这类社会实践活动中，大学生可以将高校思想政治理论课中所学习到的内容应用于实践活动中，既能将知识活用，又能深化理论认识，同时还可以通过自身努力，促使社会变革，成为推动社会文明进步的重要力量。

（二）社会实践载体的创新

（1）建立大学生党员城乡基层接待室。如重庆交通大学，就在农村和城市社区建立大学生党员接待室，将城乡基层大学生党员接待室既作为保持大学生党员先进性长效机制的一种载体，又将其作为大学生党员和入党积极分子参与社会实践的载体。这种城乡基层大学生党员接待室既可成为大学生党员和入党积极分子了解社会的窗口，又可成为向工人、农民、市民宣传党的知识、党的政策以及国际国内政治、经济、社会形势的重要阵地，大学生还可在这个载体中与广大群众打成一片，为构建和谐社会贡献自身的力量。

（2）建立大学生社会实践临时党支部。它也是重庆交通大学在大学生社会实践探索创新中建构的一个新生事物。通过建立大学生社会实践临时党支部，能增强党对社会实践的领导，并将党的意志、政策、主张贯穿于整个社会实践的全过程中，从而使整个大学生社会实践产生更大的政治文化效果和影响。

第三节 高校学生管理工作的信息化建设研究

当今社会，在科技潮流、时代背景的推动下，国家越来越重视高等教育，高等学校的入学率也在逐年提升。学生数量的提升也带来了很多问题，其中最重要的问题就是学生数量多，随之学生的管理工作也变得很困难。管理工作者应该利用网络信息传达速度快、效率高、准确性高等特点展开学生的管理工作，建立适合高校学生的管理体系。大学生的日常生活和学习都离不开网络，学生会利用网络做各种自己想做的事情。现在普遍的社会现象是大学生们都非常依赖网络，依赖信息化时代，网络也具有很多优点，这就为高校学生管理者的管理工作信息化建设提供了很大的便利和支持，使得高校学生管理工作的信息化建设更加容易展开。[①]

---

① 野苏民.高校学生管理工作的信息化建设探究[J].现代营销（经营版），2019（05）：222.

（1）信息化建设对高校学生管理工作影响深刻，意义重大。做好高校学生的管理工作对学生的各个方面的发展都很重要，因此，国家高度重视高校人才的培养。而对于各个高校来说，管理学生的工作无疑是最重要的。当今社会，是信息化发展迅速的一个阶段，各行各业都重视信息化建设，高校也应该顺应时代发展潮流，做好高校学生管理工作的信息化建设。

高校做好学生管理工作信息化建设在一定程度上促进了社会信息化的发展。如今科技的发展使各种信息变得复杂，信息的真假也难辨别。因此需要高校学生管理工作者从安全、便捷、快速等方面做好信息化建设工作，那样受益的就不仅仅是管理工作者，还有高校学生们。管理者能够更加方便、快速、有效地去展开管理工作，学生们同时也能够及时获得信息，能够及时地做出各种安排。管理工作的信息化建设也是学生人身安全的一种保障，虽然说大学生已经是成人，不需要太多的管理，但是大学生们涉世不深，难免会出现一些人身安全、财产安全等安全问题，这就需要经验丰富的学生管理者提供帮助，而信息化系统的成功建设就起到了这种作用，能够让管理者及时知道学生所遇到的问题、及时解决问题。同时假如学生遇到什么危险，也能够及时求助学生管理工作者，保障学生的安全。由以上可见，信息化建设对高校学生管理工作极其重要，信息化管理也能发挥自身优势，因此，只要能够将这种管理方式灵活运用，高校管理工作的未来会更加美好、更加容易。

（2）寻找合适的方式方法展开信息化建设。做任何事情，都需要注重方式方法。只有用对方法，才可以高效地完成所要做的工作。高校学生管理工作也是同样的道理。现在，高校学生的电脑、手机普及率非常高，几乎每人手持一部手机，每人都会有一些社交软件，这为学生管理工作提供了很大的便利，管理者可以合理地利用这些软件展开信息化管理，这就需要高校教师跟随社会发展的步伐，学会并且高效地利用这些软件。

高校的教务系统是学生学习和生活必不可少的信息化系统，而且学校的教务足够安全，学生们也会更加相信教务系统所发布的信息，管理者可以灵活使用教务系统，利用教务系统发布一些通知等，既方便又安全，学生也不用去担心信息的真假，这就使学生的管理工作变得规范化，安全化。例如，中国矿业大学的学生管理者就将学生活动、学业通知等发布在学校教务系统上，学生和管理者都有各自的账号，学生有什么疑问可以直接在教务系统上发布私信联系管理者，同样，管理者也可以发私信给学生，及时地和学生联系，及时地了解情况。由此可见，方法真的很重要，各个高校的学生管理者应该努力去寻找适合自己学校学生的信息化管理方式，因生制宜才是最正确的方式。[①]

（3）及时发现并解决信息化建设中所遇到的问题。现在管理者的管理工作通常是通过微信、腾讯QQ等社交软件展开的，学生们现在都普遍会用这些软件，但是这种聊天群的交流方式也会出现各种问题。所以，这就需要高校管理者在平时开展学生的管理工作时要做到细心、仔细。学生管理者应该通过观察学生的行为、语言等及时发现问题，及时解决问题，只有这样，才可以及时地解决一些隐私性问题，才能避免在如今信息化发展过快的潮流中忽略一些问题，才能避免管理工作因出现失误而造成不必要的麻烦。

综上所述，高校学生管理工作的信息化建设非常重要，管理者要足够重视，紧跟信息时代发展潮流，积极地学习信息化知识，以学生为中心，以建设信息化管理方式为手段，认真地思考学生管理工作的方式方法及途经，同时积极寻找最适合本校实际、学生乐于接受的最高效的方法，那么高校学生管理工作的信息化建设就会很容易开展。

---

① 陈丹红. 大数据时代高校学生工作创新探究 [J]. 教育教学论坛，2018，（35）：13-14.

第五章　高校学生管理手段与法治化管理路径

在这个经济社会快速发展的时代，高校如何着手学生的管理教育工作，是教育者必须思考的重要问题，只有与时俱进，正视时代发展给学生带来的各种影响，切合实际地研究高校学生的管理情况，才能使教育事业走向新的高度。本章主要探讨高校学生的思想政治教育管理研究、高校学生管理工作中的奖惩手段与创新以及高校学生的法治化管理路径。

第一节　高校学生的思想政治教育管理研究

随着教育体制改革的不断深入和高等教育国际化趋势日益加快，高等学校思想教育工作出现了许多新情况和新问题。一方面，思想教育对象的思想、文化等基本素质有了明显变化；另一方面，由于信息化社会发展迅速，管理对象受社会各种因素的影响，特别是信息社会多元价值观以及高校学生就业多渠道等客观因素的影响，学生在思想、情绪、言行、心理等多方面表现出的多变性和隐秘性，给思想教育管理工作带来了一定的难度。在这种形势下，加强大学生思想政治教育的科学管理，在马克思主义世界观和方法论的指导下，遵循思想政治教育的规律和目前大学生的特点，制定思想政治教育工作的条例和规章制度，建立和健全组织领导系统，制定长期的工作目标，确定和实施短期工作计划，并逐步实现管理目标、内容、体系、队伍建设和管理理论研究的科学化是非常必要的。同时,思想政治教育管理工作要充分运用现代管理科学的理论与方法来进行管理,使管理工作系统化,管理制度规范化。①

一、思想政治教育管理的重要意义

高等学校的历史使命与责任,就是按照党的教育方针和经济社会发展的需要,去培养和造就坚持社会主义方向,具有高尚的思想道德修养和科学文化修养与实践能力的高层次、高素质的新世纪人才,这是关系到我国的发展的大事。因此,必须始终坚持把弘扬社会主旋律,加强对学生的思想政治教育,加强学生的思想道德建设与管理作为一项系统工程,精心组织,全面实施,抓出成效。重视和加强思想政治教育管理,突出管理在思想政治教育工作中具有的重要意义,在当前加强和改进大学生思想政治教育的形势下显得尤为重要。

(一)把握变化预测趋势的意义

"凡事预则立,不预则废。"当前高校的思想政治教育成效不佳的重要因素之一,就是思想政治教育工作者对大学生在社会生产方式和生活方式急剧变化下所发生的思想变化发展趋势预测不够,认识不清。加强思想政治教育管理,就是要透过现象看本质,应发挥管理者对大学生思想发展变化独特的预测作用,用敏锐的眼光观察问题,用清醒的头脑思考问题,用高度的政治性处理问题,明察秋毫地把握学生的思想动态,及时纠正他们偏离社会要求的错误思想和行为,不使其发展和蔓延,将思想政治工作做到出现问题之前。

预测思想政治教育管理工作的变化发展趋势,要求思想政治教育工作者要认清思想发展的规律性。因此,思想政治教育者要深入实际调查研究,掌握大学生的思想状态、心理情绪变化以及政治经济形势发展变化可能给大学生带来的种种影响,全面深入地了解他们,合理利用现代化的分析工具、手段和科学的预测方法,提高逻辑推理和分析判断能力,提高快速应变能力,使思想政治教育的预测更加科学化。

---

① 刘伦. 高校学生管理制度创新探索 [M]. 重庆:重庆大学出版社,2006.

（二）引导方向协调关系的意义

辩证唯物主义告诉我们，在特定的条件下，一定的意识对事物的发展方向、发展速度及人们工作的成败起至关重要的作用。要成功地进行变革某一事物的实践活动，除了要具备一定物质条件外，思想意识正确与否也很重要，在某种程度上甚至决定实践的成败。思想政治教育能否落到实处，除了需要物质保障及配套措施的建立完善，积极正确的思想意识更是关键。

思想政治教育管理就是在思想政治教育过程中，发挥对大学生思想意识的导向作用，运用启发、动员、教育、监督、批评等思想工作方法，把大学生的思想和行为引导到符合社会要求的正确方向上来。思想政治工作的导向作用主要表现在引导大学生树立正确的世界观、人生观和价值观，形成并坚持科学的行为方式等。充分发挥思想政治工作的导向功能，就是要继承我党长期形成的思想政治工作和教育管理的优秀传统，继承中华民族的优良文化传统与道德传统，学习和借鉴国外的先进管理理论、管理模式和管理方法，按照我国当前的思想政治教育的管理实际，实施管理创新，用现代管理理念对传统管理理论和方法进行整合和创新，逐步建立起一套有中国特色的思想政治教育管理体制。思想政治教育管理的协调作用主要体现在协调学生的矛盾和利益关系，协调学生的人际关系，协调学生的心理状态，这是建设和谐校园的重要基础和维护校园稳定的重要前提。

在高校，学生与教师、学生与学生、学生与管理者之间的许多经济关系和利益关系需要重新调整，许多新的矛盾急需化解。思想政治教育的"柔性"协调也应发挥其有效作用，通过民主的、说服教育的、相互沟通的方式，可以达到对学生情绪进行调控、对人际关系进行有效调整的目的，及时协调学生间的利益关系，化解矛盾，从而提高人的思想觉悟，建立起新型的人际关系，使人们相互理解，相互关心，保持和促进社会的稳定与发展。思想政治教育管理还需在认真关注学生群体思想动态的同时，密切注视学生个体的心理健康状况，及时做好协调学生心理状态的工作，帮助学生自我认识、自我导向、自我调适，调整心理结构与环境的关系，树立战胜困难的信心，克服心理障碍，增强自身心理素质，化消极心态为积极心态。

(三)反馈信息调控政策的意义

反馈是在思想政治教育活动的过程中,及时将教育活动的信息反馈到管理组织,为其指导管理活动、调整管理目标提供依据。思想政治教育活动如果要正常进行并且取得实效,管理者和管理组织就必须及时掌握教育活动和管理活动的动态信息,建立起覆盖上下左右、横向到边、纵向到底的思想政治工作网络,能及时反馈各个层面的学生的思想动态,这样才能做到早发现、快解决,主动及时地把思想问题解决在初始状态。有了这样的反馈运作机制,思想政治教育才有工作保障,才能有针对性地及时采取措施,保证思想政治教育活动的正常进行。

思想政治教育管理要采用一定的控制手段,及时纠正教育活动出现的偏差,以保证教育沿着正确的轨道发展,朝着预定的目标发展。教育活动开展后,教育过程中内部因素和外部环境在不断变化,各种干扰因素不断出现,会使教育活动出现偏差,这就需要通过控制的手段加以纠正。控制是监视各项思想政治教育活动,保证组织计划与实际运行状况动态的适应。控制工作就是按照思想政治工作的计划标准衡量计划的完成情况和纠正计划执行的偏差,以确保计划目标的实现,使计划更加适合实际情况,确保思想政治教育的效果。

二、思想政治教育管理原则和方法

高校思想政治教育是依据大学生的思想活动规律来进行的,而大学生的思想活动规律是有据可循的。传统的思想政治教育管理由于未重视对学生进行全面动态的研究,忽视了大学生的发展需求,忽视了大学生的主体性,忽视了大学生的客观需要,思想政治教育效果始终不够理想。因此,遵循思想政治教育管理的原则,改进思想政治教育管理的方法,是思想政治教育取得实效的重要保证。

(一)思想政治教育管理原则

1. 管理的方向性原则

思想政治教育是一项目的性很强的活动,它必然具有明确的方向性。社会主义方向就是高校思想政治教育的方向。

首先，必须加强和改善对高等学校的引领和指导。纵观思想政治教育管理的全过程，党始终是目标的制定者和执行者，是整个管理过程的指挥协调者和方向的保证者。唯有加强和改善党对高等学校的领导，提高高等学校党组织的战斗力，发挥党支部的战斗堡垒作用和党员的先锋模范作用，调动全校师生员工的积极性，才能保证党的路线、方针、政策在高等学校的全面贯彻执行，才能坚持社会主义办学方向。

其次，必须坚持以马列主义、毛泽东思想、邓小平理论、"三个代表"重要思想、科学发展观及习近平新时代中国特色社会主义思想为指导，坚持党的基本路线和基本方针，做到以科学的理论武装人，以正确的舆论引导人，以高尚的精神塑造人，以优秀的作品鼓舞人。把理想信念教育作为核心内容，引导广大青年学生树立建设中国特色社会主义的共同理想，树立正确的世界观、人生观、价值观，为建设富强、民主、文明的社会主义现代化国家而团结奋斗。这是高校思想政治教育发挥有效作用，实现科学管理的根本。

最后，必须坚持造就"四有"人才。培养"四有"人才是我国社会主义现代化建设事业的需要，是学校思想政治教育的根本目标。只有坚持造就"四有"人才，才能从根本上保证高校思想政治教育的社会主义方向。

2. 管理的计划性原则

计划是对未来工作的决策，是用来组织、指导、监督和协调各种活动的管理手段，具有指向、指导和指挥作用，计划管理是高等学校管理的中心环节。计划管理是贯彻上级工作精神，检查、总结和提高思想政治教育工作自觉性及管理质量的重要依据。制订计划时，既要学习上级党委的指示精神，又要总结本单位实际工作，还要分析探讨本单位思想政治工作情况和教育规律，并结合学校师生员工的思想状况，来确定思想政治教育的指导思想、目的任务，并作出工作部署。

这样通过计划管理能使全校上下明确思想政治教育的目的方向、任务要求、方法部署和相互关系，提高工作的责任感和自觉性，并沿着计划指出的方向有条不紊地进行工作。同时，计划管理能把全校各个组织和各类人员的工作纳入统一计划的轨道，按照计划有序运转，实现计划管理目标。实践证明，没有计划谈不上管理，缺乏科学性、指导性、可行性的计划不可能使管理工作取得预期的目标。

3. 管理的民主性原则

社会主义民主是高校思想政治教育的重要内容，也是它的管理原则。坚持民主管理是对社会主义高等学校管理的客观要求。根据管理心理学"参与"和"认同"的原则，师生员工以不同形式参与管理、参加改革与发展，对于组织的巩固、工作的推进、士气的提高、干群关系的改善都有很大的促进作用。参与制定目标、决策问题可以把个人目标与集体目标统一起来，可以产生自主感，增强动力，减少矛盾，产生向心力；参与讨论研究问题，可以增强对决定的认同，是统一行动的心理基础，能增强责任感和任务感。

与此相反，如果不让群众参与决策，他们往往会产生冷漠和不合作的心理。因此，在思想政治教育管理过程中，要充分发扬民主，认真虚心地听取青年学生的意见和建议，把他们既看成管理的对象，又看成管理的主体。坚持民主性原则是社会主义学校培养现代化人才的需要，是时代发展的要求。根据时代的要求，高校必须培养适应社会主义现代化建设事业要求的新型人才，这种新型人才必须具有高度的社会主义民主意识和思想，具有参与国家政治事务和组织管理社会经济文化事务的积极性，能通过正当的途径和方式表达自己的民主权利，懂得权利和义务的辩证关系等。而要具备这些素质，必须依靠思想政治教育工作来实现，必须坚持民主性教育管理原则。然而，坚持民主管理的同时，也要坚持集中管理，二者是党的民主集中制在管理上的具体体现。

4. 管理的整体性原则

坚持整体性原则，是社会发展对思想政治教育管理的客观要求。从教育内容看，形势政策教育、国情教育、国防教育、理想教育、思想品德教育、纪律教育、法制教育等，都能从不同角度给予青年学生以教育和影响。要培养全面发展的人才，必须重视思想政治教育内容的整体性，发挥综合教育的功能；从教育体系看，思想政治教育是整个教育体系的重要组成部分，它的开展需要依靠各方面力量的通力合作才能进行。因此，必须把学校的党、政、工、团等组织，把行政、业务、生活等管理部门，把政工、业务、行政、后勤等队伍组成一个分工合作、明确职责、协调一致的统一整体，形成全校上下齐抓共管的管理格局，以充分发挥思想政治整体教育作用；从教育对象看，每位大学生既要接受学校的思想政治教育，又要接受社会和家庭的思想政治教育，这样学校、社会、家庭在思想政治教育管理中也有一个形成整体合力的问题。社会、家庭教育是学校教育的背景，在当前不断深化改革扩大开放的新形势下，学校思想政治教育固然重要，但单靠学校教育是不够的，社会风气和家庭生活习惯对大学生思想的影响是非常深刻的，并且是潜移默化的。因此，学校教育必须积极适应社会，充分利用社会的积极影响，努力抵制社会的消极影响；同时，与家庭建立密切联系，进行各种教育配合与协调，共同做好大学生的思想政治教育与管理。

5. 管理的针对性原则

坚持针对性原则，就是要善于抓住时代发展的要求，针对现实情况进行教育工作。当前，高校思想政治教育管理要针对我国改革发展的实际，加强对青年学生进行的教育管理，不断完善管理制度，改革传统的思维观念和管理方式，探索适应新时期发展要求的管理新途径，创造管理新方法，切实把思想政治教育管理工作落实到为学校教学、科研服务上，为经济社会发展建设服务上。

在具体管理操作中，既要讲道理，又要办实事，要针对青年学生普遍关心的热点难点问题，倾听他们的呼声，了解他们的情绪，关心他们的疾苦，认真贯彻落实党的各项政策，多做得人心、暖人心、稳人心的工作。要坚持从社会主义初级阶段的实际出发，从广大青年学生的思想实际出发，区分层次、注重实效。要相信和依靠群众，启发群众自我教育、自我提高。要坚持讲政治，对重大原则问题，必须立场坚定，旗帜鲜明，以促进思想政治教育管理的针对性和实效性。

6. 管理的科学性原则

进行任何工作都必须讲究它的科学性，科学的力量在于它能够进行分析、概括和揭示事物发展的客观规律，成为人们改造世界的动力。这就要求高校思想政治教育工作要依据其自身特点和规律实施科学管理。在工作中,既要注意研究外部环境因素对广大学生思想的影响,弄清引起思想变化的原因,又要注意广大学生内心世界对外部客观环境的反映,做到从外部因素入手,从内部因素着眼,努力挖掘广大学生发奋进取的内在动力。同时,思想政治教育管理还必须顺应时代发展的趋势,依据社会发展的要求,实现科学管理。

7.管理的规范性原则

坚持规范性原则,不仅是高校管理的需要,也是造就现代化新型人才的需要。高等学校一般是由几千名乃至几万名师生员工组成的"家庭",如果没有一整套较为完善的规章制度来统一大家的认识,规范各类人员的行为,使他们养成良好的行为习惯,那么仅靠面对面的管理是无济于事的。同时,高校是人才培养的摇篮,它既是培养专门人才的基地,又是建设社会主义精神文明的重要阵地,需要建立社会主义规范。

高校思想政治教育管理的规章制度主要应包括政工机构和政工人员的职责、有关工作条例、师德、大学生守则、文明公约等。同时,良好的校风也是一种无形的规章制度,是思想政治教育工作的规范。管理者必须充分认识校风的教育功能和管理功能,要致力于良好校风的建设,通过校风这一无形的力量来潜移默化地教育和影响广大学生,发扬学校的优良传统。此外,学校规范的实施,学校各级领导和管理者应成为贯彻执行规章制度的模范,首先要熟悉和掌握学校的管理条例和规章制度;其次要令行禁止,照章办事,维护规章制度的权威性;最后要以身作则,带头遵守,这些都是坚持规范性原则的管理行为。

(二)思想政治教育管理方法

1.解放思想,转变观念,形成新的学生教育管理理念

当今的大学生生活在开放的社会环境中,生活社区化和成长环境社会化的趋势增强,社会现象中的思想观念会对他们的成长产生影响,仅凭学校学生教育管理来规范学生的思想和行为是远远不够的,也不能适应21世纪高等教育改革与发展的需要。思想政治教育必须向全方位和开放型的模式发展。确定全方位的学生教育管理新机制,建立健全校内学生工作的组织机构,形成以学生教

育管理职能部门和各系（院）专职辅导员为主体，全校各部门和全体教职工共同参与的学生教育管理的新格局。同时，充分发挥团组织、学生会、班委会自我教育、自我管理、自我服务的力量。另外，随着高校后勤社会化改革的推进和高等教育大众化的逐步实现，社区乃至社会其他方面投入高等教育和学生教育管理的力量越来越大，社区也成为新机制的重要组成部分和学生思想政治教育的重要方面。因此，应重新认识学生教育管理，确立新的学生思想政治教育管理理念，建立一个内外协调一致、纵横交错的多层次、多侧面、全方位、立体化的学生工作新机制。

2. 建章立制，强化引导

学生思想政治教育管理的重心应该摆在建立健全各项规章制度上，从大学生入学教育开始，强化制度的学习和教育，加强正面教育和引导，教育学生学会学习、学会生存、学会关心、学会创造，坚持正面引导，培养学生的自主意识和自觉意识，强化教育管理者的"导师"角色意识。

3. 建立和完善学生咨询服务体系

随着市场经济和高等教育改革的进一步深化，市场意识进一步强化，教育市场初现雏形，大学生出现生活社区化和成长环境社会化的趋势，学生主体的思想意识和价值取向多元化，个人需求多样化和个性化，同时，大学生的自主、独立意识增强，从主客观上要求高校学生教育管理应更多地采取咨询服务的方式，应改变现有的校、系、班三级学生思想政治教育管理模式，将现有专职思想政治工作教师（学生辅导员）分流，选派一部分理论素质高、研究能力强的教师与心理咨询教师组成一个新的学生咨询服务室，发挥就业咨询、思想引导、心理健康研究和心理咨询的功能。

4. 确立学生主体地位的观念

突出学生在教育中的主体地位，就是要充分尊重学生的能动性、自主性和自觉性，使学生思想政治教育过程成为学生教育管理者引导学生自我认识、自我发现、自我评价、自我选择、自我发展、自我完善的过程。思想政治教育过程中，教育管理者要树立充分尊重学生，学生与教育管理者平等相处，给予学生一定的"自由空间"等思想观念。这个思想观念的确立对充分尊重学生主体性和主体地位，培养学生独立创新人格和创新精神具有十分重要的意义。

5. 依法治校，实行学生思想政治教育管理法制化

高校教育对象的特殊性和成长性决定了思想政治教育管理者不能把对学生的教育和管理仅建立在强制执行的基础上，必须面对大多数学生在法律上已是完全民事行为能力人，但在生理和心理上尚不成熟的基本事实，认识到其思想的错位、混乱甚至错误在所难免。高校在依法治校的框架下，应多关注思想政治教育的规律与学生成长的特点相适应和协调，毕竟法律也好、道德也罢，皆为人才培养所需，不能背离培养人和教育人的根本目的。要把消极规范强制限制在合理范围内，并与积极的教育引导结合，用法律法规来调整大学生个体之间、个体与法人之间的权利和利益关系，减少行政处罚的范围，促进高校大学生行为管理与社会行为管理的接轨，使大学生养成自觉遵守法律法规的习惯，以及运用法律法规来调节、规范自己行为的能力。

第二节 高校学生管理工作中的奖惩手段与创新

一、高校学生管理工作中的奖惩手段

（一）奖惩在行政管理中的重要手段

1. 奖惩在学生行政管理中的具体运用

激励是管理学和管理心理学中的一个重要概念。所谓激励就是指通过一定客观刺激，增强人的行为的内在动力，促使个体有效地达到目标的过程。所以激励是激发人的行为动机的心理过程，也可以说激励过程就是调动积极性的过程。

在学生行政管理中，奖励就是从正面来肯定学生思想行为中的积极因素，根据有关规章制度给予精神或物质上的正面刺激，以达到鼓励先进、发扬正气

之目的。惩罚（处分）则是从反面否定学生思想行为中的消极因素，根据不良行为的情节轻重和纪律规定给予教育或处理，以达到明辨是非、纠正错误、促进转化之目的。当某一学生的行为受到肯定，得到鼓励时，他们的心理上就会得到某种满足，一般情况下能激励他们沿着同一方向产生更高层次的要求，激发他们更加努力地工作；而当某一学生的行为受到制止时，由于触动其自尊心，受到教育时，一般都会检讨自己的行为原因，纠正自己的行为。[①]

由此可以看出，奖励和处分主要是通过支持、鼓励或制止、清除学生某种行为，以外部刺激的方式对人的行为起着加速或延缓的作用。奖励或惩罚在这里是作为一种措施在学生管理中的实际运用。在学生行政管理的实际工作中，奖励激励的运用较为普遍，而惩罚激励似乎不大好理解。实际上作为外部刺激的惩罚与调动人的积极性的作用之间存在着辩证统一的关系。激励本身包含有激发的作用，惩罚从某种意义上看就是一种与奖励不同角度的激发，当某个学生受到处分时一定会产生不愉快的情绪，必然会引起心理上的紧张不安和内心矛盾的斗争，这种内心矛盾的激发，可以促进其产生周密细致的思考，从而分清是非，痛改前非，抑制不良的思想行为。因此，惩罚也是一种积极的、可以催人上进的外部刺激，也就是说处分本身就是对违纪学生的一种激励。在高校学生管理工作中，有效而正确地实施奖惩激励，不仅可以激发学生成才进取，调动学生积极性，而且可以严肃校纪，整顿校风。

2. 奖惩在学生行政管理中的重要手段

高等学校学生管理必须按照规定的培养目标，对学生的德、智、体全面负责。高校学生管理工作涉及学生的政治思想、生活、学习等各方面，它渗透到家庭、社会及学校内部的教务、科研、后勤等各个部门，因此学生的管理工作应该是全方位的齐抓共管。

学生管理工作必须统一规划，多方协调。高等学校培养学生，既要依靠教育，又要依靠管理，两者相辅相成，不可分割。教育是管理的前提，管理是在教育

[①] 李正军. 高校学生管理工作概论[M]. 保定：河北大学出版社，2002.

基础上的管理，教育是培养高质量人才的直接手段，管理则是达到教育目的的基本保证。

从一定意义上讲，管理也是教育，同样是为培养人才服务。因此，要达到预期教育目的，必须在培养学生的各个环节上，将教育与管理有机结合起来。只有这样，才能培养出有理想、有道德、有文化、有纪律的优秀人才。高校学生行政管理的主要方法就是褒扬和惩治两个方面。对遵守管理制度，其行为符合规范的学生集体和个人予以表扬；相反，对违反管理规定，其行为不规范的集体和个人，要有明确的限制措施，并要有严厉的处罚制度约束。奖惩在高校学生管理中的主要作用有以下三个方面，具体如下：[①]

（1）奖惩是实现高校人才培养目标的重要途径和必不可少的手段。高等院校是培养人才的场所，培养和造就德、智、体全面发展的社会主义现代化建设人才，是高等院校一切工作的归宿和出发点，也是高等院校的人才培养目标。学校管理培养的好坏，直接关系到培养人才的质量和人才培养目标的实现。在整个学生管理工作朝着管理目标连续地、有序地运行过程中，奖惩作为一种强化手段，不仅可以激励学生，调动学生的积极性，而且可以规范或强化学生的行为，使其朝着德、智、体全面发展的成才方向发展。所以，正确而有效地实施奖惩有利于高校人才培养目标的实现。

（2）奖惩有助于更好地做好学生的思想政治工作。思想政治工作是做好一切工作的保证，学生奖惩工作作为学生管理的重要内容，当然也离不开思想政治工作。奖惩作为一种手段，其目的在于教育学生，明确是非界限，所以，当思想政治教育工作与奖惩工作紧密结合起来的时候，就会大大增强教育的效果。比如通过对学生的奖惩，可以为学生思想政治工作提供具体生动的事例，使思想政治教育内容具体化，提高思想政治教育的功效。因此通过对具体事例的奖惩，可以使学生切身体会到规范地遵守学校规章制度会获得荣誉，而违反学校纪律会受到处罚。奖惩的实质就是在明确提倡什么，反对什么。所以，正确的奖惩，

---

① 王凤彬，李东. 管理学 [M]. 北京：中国人民大学出版社，2000.

客观上就树立了典型，这不仅使被奖者受到鼓励，还能在周围的环境中产生巨大的社会效果，以激励他人上进。正确地实施惩罚亦是如此，它不仅能使少数犯错误的学生吸取教训，改正错误，而且可以使其他人引以为戒。

（3）奖励有利于良好校风、校纪建设。一所学校的校风校纪，是该校办学指导思想和教育目标的集中反映，是一种无形的教育力量。它对于学生的学习态度，思想品德的培养以及世界观的形成是有深刻的影响的。但反过来，一所学校良好校风的形成，又必须借助于科学的学生行政管理，其中包括有效的奖励与惩罚。

要建设和形成一个良好的校风，必须要以严明的校纪和一系列的规章制度为基础。严格科学的学生行政管理和正确的奖惩激励，都可以使学生把各项规章制度和纪律变为自觉行动，并由各个个体行为逐渐形成集体的风气。在这里奖惩作为一种激励措施和管理手段，以它特有的刚柔相济、令行禁止等独特功效促使良好校风的形成。

3. 奖惩在学生行政管理中的辩证关系

奖励和惩罚作为高校学生行政管理的重要手段，与思想政治教育的其他方法相比，具有明显的刺激特点，其社会影响更为广泛。因此，正确地运用奖励和惩罚的方法，是使人们的思想意识和行为习惯适应社会主义政治价值体系的有效手段。

奖励与惩罚是紧密相连的。在高校学生行政管理中，奖励与惩罚是同一强化过程的两个方面，二者相互联系，不可分割。但是，奖励与惩罚又是相互区别的。在确定的时间和空间范围内，在针对具体事件进行奖励与惩罚时，奖励就是对人的行为的肯定过程，惩罚就是对人的行为的否定过程，二者相互区别，不可混淆。

（二）奖惩制度的内容

1. 奖惩的意义

奖励与惩罚是对学生已经完成的思想或行为的两种评价方式。奖励，是对学生所做的于社会、集体和他人有益的思想和行为的肯定评价，是从正面肯定学生思想和行为中的积极因素，起到表彰先进、树立榜样、发扬正气的作用；惩罚，是对学生所做的于社会、集体和他人有害行为的否定评价，是用于使受惩罚者认识和改正自己错误行为的方法。奖励与惩罚是大学生思想政治教育方法中的一个重要环节，是高校学生行政管理的重要手段。

2. 奖惩的主要形式

（1）奖励的主要形式。我国高校目前实行的是精神奖励和物质奖励相结合，以精神奖励为主的办法。奖励有精神奖励和物质奖励，前者分为口头表扬、通报表彰，发给奖状、奖章或授予荣誉称号等，后者有奖学金、专项奖学金和纪念品等。

精神奖励是奖励的主要内容。对平时学生学习、生活中出现的好人好事，教师及思想政治工作者、行政管理部门应及时给予表扬或通报表扬，在校内外有重大影响的先进人物及事件，则应给予表彰。物质奖励是奖励的重要内容。目前我国高校实行的一般都是奖学金制度，一般有奖学金、专项奖学金和特殊奖学金三种。奖学金有国家规定的奖学金和社会团体、知名人士捐赠、设置或以社会知名人士名义集资的基金两种，用于奖励品学兼优的学生，专项奖学金是为某一种活动或某一方面的事项而设定的，用于奖励为这些活动或在这些事项中做出优异成绩的学生；特殊奖学金是随机性的，用于奖励在某一方面或某领域做出特殊成绩，或在校内外有积极影响的突发事件中的有功学生，亦可称为单项奖学金。物质奖励的方法主要是将学生的学习、表现与其经济利益结合起来，直接触及学生的物质利益，从而调动学生的学习积极性，也可以与其将来的就业结合起来。

（2）惩罚的主要形式。奖励与惩罚，二者是相辅相成的。惩罚的作用首先是使对真、善、美起阻碍甚至破坏作用的事件、行为受到遏止，树立正气，抵制邪气，保障师生员工的正当权益，维护正常的教学、生活秩序，其次是训练大学生对假、恶、丑的判别能力。

惩罚主要有警告、严重警告、记过、留校察看、勒令退学、开除学籍等几种，具体如下：

1）"警告"是教育部关于高等学校学生奖惩规定中最轻的行政处分，一般适用于初犯、偶犯和情节轻微者。对于情节特别轻微的，可以给予批评教育或校、系通报批评。需要注意的是通报批评不是处分，仅带有教育性质，且材料不归入学生档案。而警告是一种处分，它和其他几种处分一样，既带有教育性质，又有强制性，是责令其改正错误，保证不得再犯，并在毕业时将处分决定归入该生档案。

2）"严重警告"和"记过"一般适用于情节较轻，但有一定影响者。

3）"留校察看"一般适用于情节较重，影响较大，但尚能教育好的学生，留校察看期一般为一年。"留校察看"既是一种较重的处分，又是教育人、挽救人政策的充分体现。受留校察看处分的学生，在察看期间对错误有深刻认识并有进步表现，可按期解除察看期。按期解除的前提条件是，违纪者必须从思想深处真正认识到错误的严重性和危害性并能改正错误，而不是单纯的书面检讨。对受留校察看处分的学生，在察看期内，如有突出先进事迹，可提前解除察看期。这里所说的"突出先进事迹"是指具有表彰性或奖励性的事迹，如检举揭发坏人坏事和违纪行为，或达到学校规定的享受一等奖学金条件，或经常性地帮助别人、关心集体，并为领导和群众所公认等。对受留校察看处分的学生，经教育坚持不改或在察看期间犯有违纪错误的，则应给予勒令退学或开除学籍的处分。注意上面所说的留校察看处分的"解除"，是执行处分的正常程序，不是撤销处分。

4）"勒令退学"一般适用于情节严重，影响很大或屡教不改者。

5）"开除学籍"一般适用于情节特别严重或受刑事处罚者。学校处分学生的目的在于教育学生，惩罚并不在于惩罚的严厉，而在于惩罚的不可避免。因此一般情况下，处分学生应以保证学习为前提，迫不得已的情况下才使用"开除学籍"，同时还要注意，学校对学生的违纪处分只具有行政后果，而不得剥夺受处分学生的人身自由。

惩罚除了以上讲的这几种处分外，一些学校也还辅助以经济的方法处罚学生，一般有罚款、扣发或者取消奖学金、减免助学金或者贷款等，处罚的对象一般都是违反校纪校规，思想表现和学习成绩都达不到基本要求但又不够处分条件的学生。这种经济处罚学生的方法,实际是对学生行政管理方法的补充,它所起的作用是行政方法难以替代的。经济处罚有时亦可与行政处分共同实施。

3. 奖惩的主要内容

(1) 奖励的主要内容。

大学生在校接受奖励的主要内容有学习、文艺、体育、卫生、社会实践等方面以及奖励社会工作积极分子。

在学习奖励方面,许多学校都设立了学习优秀奖,主要是奖励一学年内各门功课成绩均达到优秀的学生;在文艺、体育方面的奖励主要是针对学生课外活动设立的,以此来活跃他们的生活,发展他们的思维,开阔他们的视野。各高校近年来大都开展了诸如艺术节、运动会之类的大型学生文体活动,内容丰富。时间长者一月,短者一周,并根据活动内容设立了各种各样的奖励项目;在卫生方面的奖励多是针对大学生宿舍建设方面设立的。学生宿舍是学生学习、生活的一个重要场所。为督促学生养成良好的卫生习惯,许多院校都开展了创"文明宿舍"活动或"星级寝室评比竞赛"等活动,这些对于学生宿舍的精神面貌及卫生状况的改善起到了很好的促进作用。

"社会实践奖"主要是为了鼓励学生走出校门,到社会实践中去学习,在实践中加深对国情的了解,注重实际能力的培养而设立的。"优秀学生干部奖"是专为学生干部设立的,其目的主要是通过奖励的方式对学生干部的工作成绩给予肯定。

(2) 惩罚的主要内容。

根据大学的学习、生活特点,惩罚主要有以下几点内容:

1) 在政治原则方面包含的内容有:反对四项基本原则的反动言论和行为者;参加各种非法集会的活动者;私自结社或出版非法刊物者;扰乱社会秩序,破坏安定团结等。

良好的社会秩序和安定团结的政治局面是进行社会主义建设的必要条件,也是学校完成培养社会主义现代化建设合格人才任务的必要条件。因此学校应禁止任何人利用任何手段扰乱正常的教学秩序和社会秩序及破坏安定团结的政治局面。一般来说对于违反以上原则要求的均可酌情给予勒令退学或开除学籍的处分。

2）学生处分内容还应涉及学生可能违反法律、法令、法规或受到司法、公安部门处罚的行为。

一般来说凡被司法机关处以警告或罚款（不包含交通违章罚款）者，根据情节，可给予警告或严重警告的处分；凡被司法机关收审（经审查纯属无辜者除外）或处以行政拘留者，学校可根据情节给予记过、留校察看、勒令退学的处分；凡被司法机关处以拘役、管制、判处徒刑（含缓期执行）或劳动教养者，给予勒令退学或开除学籍的处分。

司法机关所处的"警告"是对违反治安管理行为最轻的处罚，"罚款"是对违反治安管理的人，限令在一定期限内缴纳一定数量货币的处罚。要注意，"罚款"与"损害赔偿"不同，损害赔偿不是一种处罚，而是指违反治安管理的人，对公私财产造成损失或对他人人身造成轻微伤害，依照法律规定应承担赔偿损失的责任。违反治安管理行为的"警告"或"罚款"，通常是性质和情节较轻的行为，应给予较轻的校纪处分。而对于违反交通管理而情节轻微的行为被司法部门处以警告或罚款的，可给予批评教育而不给予处分。

"行政拘留"是司法机关对违反治安管理的人在短期内（1日以上15日以下）限制人身自由的一种处罚，也是治安处罚中最重的一种处罚，可根据实际拘留时间长短、错误情节及认错态度给予记过以上处分。

"劳动教养"是对违反法纪后果严重，但不够判刑的人施行强制教育改造的一种措施，它是一种比拘役更重的行政处罚，且劳动教养的时间较长（1～3年），故一般应给予勒令退学以上的处分。

3）在校纪校规建设方面对学生的处分应包含以下几点内容：

一是破坏公共财产。破坏公共财产主要是指损坏、破坏公共财物的完整性或使公共财产丧失部分以至全部使用价值的行为。这种行为的特点是出于其他个人目的的破坏公共财物。破坏公共财产处分的级别既要根据破坏公共财物价值的大小，还要根据破坏公共财物的手段的轻重程度等来决定。过失损坏公共财物的行为，一般应按损坏价值大小予以赔偿，但这种赔偿并不是处分。

二是扰乱宿舍、课堂、食堂、考场、会场、图书馆、影剧院及其他公共场所秩序，妨碍学校或上级工作人员履行公务的，应根据情节轻重给予相应的行政处分。

三是在校内从事买卖活动和从事与学生身份不相符合的以营利为目的的经商活动者，除没收其商品外，亦应视其情节及贩卖商品数额的大小给予相应的行政处分。

（三）奖惩考核体系的建立

1. 实施奖惩的工作依据

目前，我国高校奖励工作多采取通过对学生素质的综合测评来进行。各校制订的综合测评的实施方案，实际上就是对学生德、智、体诸方面进行全面考核的一个指标体系。因此，各高校能否建立合理的考核体系，是衡量学生考核工作是否成功的重要标志，也是开展学生奖惩工作的基本前提。

学生综合测评内容基本上是按德、智、体三个大的方面进行考评。但是在具体实施过程中，智育和体育方面容易量化，而德育方面的考核工作是一个难度较大的问题，因为这里有一个"量化"的问题。大学生政治思想测评量化问题，目前全国各高校都处在一种探索和尝试过程中。人的思想政治品德，有其外在表现的一面，也有其内在心理素质和道德涵养的一面。这两个方面，特别是后一个方面，是比较难量化的，起码是不能简单量化的。近年来，围绕大学生思想品德测评问题，高等学校思想教育部门及行政管理部门的同志进行了许多探索和尝试。

（1）大学生德育的量化考核。综合目前全国高校的德育量化工作，一般的做法都是从学生思想品德的实际出发，把德育考核分解成两部分，即基本素质（一般量化定为60分，称为基础分）和参考附加分（量化分为正分和负分两种类型），即德育成绩等于基础分60分加上考核附加分（正分或负分）。德育考核附加项的内容各校不尽一致，但大体都包括以下几个方面的内容，具体如下：

一是形势任务方面的内容，如参加时事政治学习和党团组织生活及校、系、班三级组织的集体活动的出勤情况。

二是学习态度方面的表现情况，如按时上下课，及时完成作业，遵守课堂纪律、考试纪律等方面的情况。

三是文明礼貌方面的内容，如尊敬师长、团结、关心、帮助他人的表现情况，以及个人卫生、宿舍卫生、爱护公物、维护公共秩序等方面的情况。

四是为同学及社会服务方面的内容，如担任学生干部和其他社会工作的情况。

五是大学生社会实践方面的内容，也有将近几年在大学生中开设的形势与政策、法律基础知识、人生哲学、大学生修养等课程的成绩纳入德育考核范围的。

（2）大学生的智育考核。智育考核的一般做法都是以学生全年各门课程考试成绩为依据并设附加奖励分，即智育成绩等于本学年各门课程总成绩除以本学年课程总门数后的得分再加上奖励分。智育考核的奖励分一般是指课堂以外的专业学习及科研情况，如发表论文、参加专业知识方面的学习竞赛或某种发明创造等。

（3）大学生的体育考核。大学生的体育考核主要是依据学生的体育课成绩、参加课外文体活动、早操出勤等方面的情况进行考核，有些院校将劳动课及义务劳动等方面的内容加入了该项考核。体育成绩考核也应确定基础分，即体育成绩等于基础分60分加上附加分（正分或负分）。

（4）大学生综合测评总成绩的确定。大学生德、智、体三方面总成绩的计算，即把德、智、体三方面分项考核的成绩乘以各自所占的百分比，然后相加，即是大学生的综合测评总成绩。德、智、体三方面各自应占多少比例，各校可以自行研究确定。大部分院校德、智、体三方面的所占比例一般为德育占30%，智育占50%，体育占20%。

2. 实施奖惩工作的内容

大学生奖惩工作与思想政治工作或其他工作相比，具有明显的刺激特点，其社会影响更为广泛。因此大学生的奖惩工作就具有很强的政策性。在大学生奖惩工作中，应具体注意以下几点：

（1）惩罚要有依据。

对大学生的行为管理，主要依据国家规定的培养目标和各级主管部门及学校制定的规章制度、行为准则和有关规定。近年来，国家教育行政主管部门颁布了《普通高等学校学生管理规定》和《高等学校学生行为准则（试行）》《高等学校校园秩序管理若干规定》等有关高校学生行为管理的办法及准则等。这些规定、准则是高校进行科学管理的最权威的依据。各高校应根据这些规定、准则结合本校实际情况制定若干细则和准则、条例，从而使学生管理工作有章可循，按章办事，以避免和克服管理工作中的随意性。

有了规章制度后，还要广为宣传。要像全国普法教育那样，在大学生中进行校纪校规教育。有条件的学校，还可将有关学生管理方面的条例、规章制度及办法汇编成"大学生手册"，让每个学生知道哪些事可以做，哪些事不可以做，从而使这些规章制度真正成为大学生的思想和行为准则。

（2）奖惩要有人执行。

规章制度建立后，具体的贯彻实施则十分重要，规章再好，不能落实则是一纸空文。因此建立一支训练有素、相对稳定的学生管理工作队伍，才能真正适应学生管理工作的需要，才能真正使奖惩这个学生行政管理手段发挥出它的作用来。

许多高校的同志都不太愿意做学生管理工作，涉及政策方面的问题，是学生管理干部与校内其他专业技术人员不享受同样的待遇，不能评聘相应的技术职务。因此各高校党政领导应重新评价和正确认识学生管理工作的地位和作用，增强学生管理干部的光荣感、责任感，从而选拔一批思想政治素质好、吃苦耐劳、具有一定的理论修养和实际工作经验，热爱学生工作的同志从事学生管理工作，并能定期从学生管理干部中选拔一批同志外出进修或去教育行政管理学院脱产学习，并注意改善学生管理干部的工作条件和生活条件，以解决他们的后顾之忧。

3. 大学生处分的管理及报批程序

（1）大学生的处分管理。

大学生的处分一般均由学校行政部门具体管理和实施。从大学生所受处分的行为特点来看，一般涉及学校以下三个部门：教务处、保卫处、学生处。

对于学生无故旷课、考试作弊等教学管理制度方面的违纪行为一般应由教务处协同系级组织调查处理；对于学生违反国家法律、法令、法规、偷窃、诈骗、打架斗殴、扰乱宿舍、课堂、食堂、考场、会场、图书馆、影剧院等公共场所秩序的违纪行为一般应由校保卫处协同系级组织调查处理；学生其他方面的违纪行为则一般应由学生处协同系级组织调查处理,如伪造涂改证件等行为。学生处分不管由哪个主管部门处理,违纪学生处分的情况汇总工作一般都应由学生处全面负责。

(2)大学生处分的报批程序。

发生学生违纪现象后,该生所在系应积极帮助班主任(年级辅导员)做好调查了解、讯问及取证等工作,后由该班班主任召集班委会研究讨论,提出处理意见,报系行政,系行政则应根据学校有关学生违纪处分规定,讨论提出具体处分意见,并按违纪的行为特点报学校有关部门复议。

警告、严重警告处分由系里提出处理意见,学校主管部门讨论决定。记过以上的处分,则先由系里提出处理意见,学校主管部门复核,提交校行政会议讨论决定;勒令退学、开除学籍的处分,应报省、自治区、直辖市主管高教部门备案。其中因政治问题而作出勒令退学、开除学籍处分的,须报经省、自治区、直辖市党委有关部门同意,由省、自治区、直辖市高教主管部门审批。学生的处分决定均应归入本人档案,不得撤销。

另外在学生处分的实施过程中要注意,在处分决定下达之前,应将处分决定书面或口头通知被处分的学生,被处分的学生应在处分决定意见书上签名,并注明"同意""保留意见""要求申诉"等字样。被处分的学生如不服,可以在接到通知后,向有关部门提出书面申诉。有关部门在接到申诉后,应进行复查,给予答复,如处分不当,应予以纠正。申诉是学生的一项民主权利,应当正确对待,不能认为申诉是无理取闹,更不能由于申诉而加重处分。

(四)教育为主及管理育人

1. 奖惩的工作与思想政治教育

在改革开放和现代化建设的过程中,奖励和惩罚的手段作为思想政治教育的一个基本方法,具有重要的社会意义,这是因为社会主义现代化建设需要人们有严明的纪律以及稳定的社会秩序来做保证。公开、及时地运用奖励和惩罚的方法,使人们直接认识到什么样的行为是好的或者不好的,认识到自己行为的直接后果,从而使他人从当事者的行为中吸取经验教训,是在对人进行思想政治教育过程中，运用奖励和惩罚手段的主要目的。

思想政治教育是正面的说服教育，通过摆事实，讲道理，榜样示范，启发引导，达到教育人的目的。思想政治教育工作，立足于耐心说服教育。为了使这种教育更加有效，必须与行政管理相结合，行政管理主要是用行政的规定、制度、条例、守则、章程等规章制度和行政手段来约束人们的行为，从而使人养成良好的行为习惯。

思想政治工作要求对人们进行耐心教育，但耐心教育并不是万能的，对于违法乱纪的行为，必须给予必要的纪律乃至法律制裁。不这样做，就不能"治病救人"，也不能维护学校的教学、生活纪律。当然处分是一项思想性、政策性很强的工作，必须慎重。只有把耐心的思想政治工作与强制性的纪律约束相结合，才能制止学生的不良行为，发展提倡积极良好的行为。思想政治工作是做好一切工作的保证，学生奖惩作为学生管理工作的重要内容，当然也离不开思想政治工作，特别是在改革开放时期，更需要不断地对学生进行经常性的思想政治教育。

奖惩作为一种手段，其目的在于使学生增强法纪观念，明确是非界线。所以当思想政治工作与奖惩工作紧密结合起来的时候，就会大大增强教育效果。正确的奖励，客观上就树立了典型。这不仅使被奖者受到了鼓励，还能在周围环境中产生巨大的社会效果，以激励他人上进。正确地实施惩罚也是如此，它不仅能使少数犯错误的学生吸取教训，认清错误，而且可以使他们引以为戒。可以说，思想政治工作是做好奖惩工作的保证，而奖惩则是做好学生思想政治工作的有力手段之一。

2. 奖惩应坚持"以奖为主，奖惩结合"的原则

以奖为主，奖惩结合，符合唯物辩证法的原则，反映了人的思想活动特点和发展规律。任何一个学生身上总是包含着积极因素和消极因素两个方面。积极与消极，先进与后进，是此长彼消的，开展奖惩工作的目的正是为了鼓励先进，鞭策后进。

奖励主要是利用人们的上进心来发挥作用的，而惩罚则主要是利用人们对自尊心的维护本能及个人经济利益的需要心理来发挥作用。从心理学的角度来

讲，奖励易被接受，而惩罚则易损伤自尊心。大学生正处于成长阶段，他们思想活跃，上进心强，惩罚如若不当则会引起思想上的对立，产生消极抵抗情绪，影响学生积极性的发挥。以奖为主，奖惩结合，并不是说不要惩罚，而是要在以奖励表扬为主的前提下，及时地、恰如其分地运用惩罚手段，从而鞭策和教育犯错误的同学，使其正视自己的错误，增强其改正错误的信心和勇气。实践证明，以奖为主，奖惩结合的管理，是一种积极而有效的管理办法。

3. 奖惩应坚持"物质奖励与精神鼓励相结合，以精神鼓励为主"的原则

人类所从事的生产活动和进行的各项社会实践活动，最终都是直接或间接满足人们的物质需要与精神需要。一定的物质奖励是必要的，但是单纯的物质奖励则是不可取的，因为人们的需求不仅包括物质需求，同时也包括精神需求。大学生正处在长身体、长知识、长能力时期，绝大多数学生富于探索精神，有理想、有抱负、有追求，渴望成才，所以对他们来说，尊重的需求和自我实现的需求显得更为强烈，即精神上的鼓励则更能调动其积极性。

（五）违纪调查分析及对策探讨

调查高校学生违纪情况，分析其形成原因，研究其解决办法，有助于加强和改善学校思想政治工作，培养"有理想、有道德、有文化、有纪律"的"四有"新人和优秀的社会主义建设者。

（1）高校学生违纪情况可采取查阅资料、走访、座谈等方式来进行调查。

（2）对策探讨。防止违纪现象的发生或减少到最低限度是一项庞大的系统工程，需要社会、学校、家庭以及学生本人等几方面的综合治理，才能取得成效。

1）增强思想政治工作的预测性和主动性是防治违纪现象发生的保证。思想政治工作是做人的工作，人的性格多种多样，思想也千差万别，问题、行为形形色色，因而思想政治工作者应该主动出击，寻找"禁区"，防止"误区"。科学的预测是教育学生的先导，个体的人不能超越社会，不能超越时间、空间而存在，必定要受社会的影响，打上社会、阶级的烙印。思想政治工作者应增强对问题的敏感性，及时地发现和寻求社会、家庭、团体环境等可能影响或已经影响高校学生的因素，有针对性地主动教育，引导学生健康发展，避免问题

的发生。如果问题已经出现，则要循循善诱，耐心地说服教育。同时，思想政治工作者要注重实际，解决实际问题，卓有成效地实施共产主义人生观、世界观教育，帮助学生树立无产阶级理想、道德、情操。只有这样，才能降低学生违纪率，增强思想政治工作的威信和权威。

2）正面引导非正式群体中的消极因素是防治违纪现象产生的良好措施。防治学生违纪，要重视非正式群体，正面引导这一群体中的消极因素，发挥积极因素，不能简单地把非正式群体看成"小团体"而忽视其作用。非正式群体一旦形成，必然会影响大学生的生活、学习以及其他社会活动的各个方面。要合理利用非正式群体，为实现正式组织目标服务，疏通引导非正式群体中的消极因素，做好疏通和改造工作，以带动、影响一批人。要尽一切努力，把非正式群体引向"有理想、有道德、有文化、有纪律"的道路上去，成为思想政治工作的得力助手。

3）积极开展大学生心理咨询活动是防治违纪现象的有效方法。大学生心理咨询是将医学、遗传学、伦理学、生理学、心理学、哲学等学科融为一体的思想教育新学科，它对解决大学生的认识、情感、事业、人际关系、人生发展等方面存在的矛盾有着重要的作用。预防、调节、治疗大学生的心理疾病与防治高校学生违纪、违法有着密切关系。"知己知彼"，只有了解、掌握学生的思想动态、行为特征，才能有的放矢，对症下药，通过咨询，可以把学生的违纪、违法心理打消在萌芽状态。

4）加强学生管理，严肃规章制度，是防治违纪现象产生的关键。加强学生管理、严肃规章制度对防治学生违纪起着重要的制约作用。制定严格的规章制度的目的就是要让学生清楚地知道，谁有违纪现象谁就要受到处罚。防治学生违纪，除坚持正面教育外，必须坚定不移地执行校规校纪，只有这样，才能伸张正义，主持公道，惩治校园的歪风邪气。诚然，在加强学生管理的同时，其他配套管理也应跟上，从政治、生活、后勤等方面主动关心学生，不能等问题产生才去解决，要主动地、积极地消灭和杜绝问题出现的隐患。

5）提高大学生的自身素质，增强自立、自强、自律能力，是防治违纪现象的根本途径。学生是否违纪取决于个人素质的优劣，因而，提高大学生自身素质，帮助大学生树立正确的人生观、世界观、道德观是思想政治工作者的重要责任和首要任务。要增强学生自立、自强、自律的能力，教育学生自觉同一切不良行为作坚决的斗争。只有这样，才能从根本上防止学生违纪现象的产生，培养优良的校风和学风。

综上所述，高校学生违纪是一个客观存在的现象，它造成的社会危害和个体损伤是令人痛心的。如何减少甚至消灭这种现象，是高校思想政治教育工作者研究的重要课题之一，同时也应引起社会各界的关注。

二、高校学生管理工作中的奖惩创新

（一）创新奖惩制度应处理好的关系

高校学生管理制度创新是一个庞大、复杂的系统工程。在构建和谐社会，强调依法治校，倡导以人为本的现代社会，创新高校学生管理制度首先要正确处理好以下四个方面的关系，具体如下：

1. 处理好法治介入与大学独立和学术自治之间的关系

大多数法学学者对高校学生管理法治介入持一种积极与肯定的态度，但学术界对此观点存在不同的声音，即：担心外部权力借此机会，以司法的名义干涉大学的独立，对学术自由与独立产生某种不良的影响。这种担心或反对，所要表达的实质就是如何正确处理法治介入与大学独立和学术自治这一对矛盾。换言之，就是高校学生管理工作在法治介入下如何区别对待行政权力和学术权力的问题。

在教育、科研领域，特别是在学术事务和学术管理活动较多的高等教育领域中，存在着学术权力与行政权力并存的现象。在高校组织内部，既有以校长为首的行政权力，又有以著名专家学者群为代表的学术权力。例如，在学校、教师与学生的关系中，教师会根据什么标准来判定学生的成绩。这个成绩很可能关系到学生能否毕业，关系到学生受教育的权利能否进一步实现以至影响学生的生存权与发展权；学位答辩委员会又根据什么来判定一篇论文能否获得通过，而通过与否又直接关系到答辩人能否获得学位，同样关系到其受教育权利的实现及其未来的生存与发展；在学校与教师的关系中，评定教师职称或导师资格的组织根据什么来判定一名教师的学术水平，等等。

显然，以学术为背景的支配与被支配、控制与被控制的现象是普遍的，权力作为一种职责范围内的支配力量，在有关学术评价的问题上是客观存在的。

学术权力与行政权力两者有着本质的区别。学术权力是以学术和具有学术能力的专家为背景的，其行使依赖于行使者的学术水平和学术能力，而不是来源于职务和组织。换言之，学术权力的存在与否，依赖于专家的性质及其学术背景而不依赖于组织和任命。学术权力产生于"学术权利"及其民主形式，它包括个人的学术权利及由享有学术权利的个人集合而成的组织；行政权力则只能产生于制度和正式组织。学术权力有时通过行政权力加以确认和形式化，但行政权力即使在被赋予管理学术事务的职能时，仍不具有学术权力。学术权力具有可比性。

当学术权威以个体形式表现时，其学术权力的大小是以其学术能力的高低来衡量的，即个体的学术修养、学术成就、学术经验和学术品格等都会构成衡量指数。而行政权力的大小，则取决于该行政权力组织在整个管理教育系统中的层次与位置，而不决定于该组织中或相应位置上个人能力的高低。

专业权力产生于普遍的和非个人的标准，这种标准不是来自正式组织而是来自专业。它被认为是以"技术能力"而不是以正式地位导致的官方能力为基础的。应当承认并尊重学术权力，给学术权力以应有的地位和权威，建立发挥其效能的制度保障机制，合理规范学术权力与行政权力各自发挥的领域和范围，使二者在学术管理活动中建立一种有机分工、合作与制约的关系。

高校学生管理工作法治介入的适度性，要求大家认清两种权力不同的运行轨迹，将法治介入的基点落在行政权力上，避免对学术权力的不当干涉。但由于学术权力的高度专业性和技术性，法官只是专于诉讼程序操作和认定事实规则的技术方面，不能超越自己的专业知识和经验，显然不适于对学术权力的审查。因此有人提出，学术纠纷只有通过由专家组成的仲裁机构来解决才更为适宜。

2. 处理好学校与学生之间的法律关系

从法律上厘清和在管理实践中确定学校与学生之间的关系，是高校学生奖惩制度创新的关键。对高校与学生之间的关系问题，学术界存在各种不同的观点。高校与学生之间既是一种隶属型的行政法律关系，又是一种平权型的民事法律关系。我国高校作为公益事业法人，其基本职责是人才教育培养和学术研究与传播。高校为了保证自己的学术研究自由，必须要有一套相对独立的管理保障制度体系；为了促使学生向着符合社会要求的方向发展，必须对学生进行有效的组织与管理，以保证教育活动的顺利展开。因此高校与大学生的关系具有两重性，一方面大学生作为受教育者和被管理者，必须接受学校的教育与管理；另一方面大学生作为国家的公民，享有法律规定的基本权利。所以，二者的关系既是教育者与被教育者、管理者与被管理者的关系，又是平等的民事主体关系。

3. 处理好学生的权利与义务的关系

当代大学生的维权意识日益强烈，他们不再是单纯的被管理者，也不再是单纯的义务履行者。义务与权利是一对孪生兄弟，不可分离，人们只有在享受了一定的权利下，才会积极地履行相应的义务。因此，现代高校学生管理必须首先树立权力至上的理念，保障学生法定权利的实现。

学生的权利，属于私权，在教育部新颁布的《普通高等学校学生管理规定》中既规定了高校学生特定的五项权利，也规定了大学生享有作为一般公民的权利和法律、法规所特别规定的学生应当享有的权利。作为私权，学生可以自主处置，既可以享有，也可以放弃，但不能被剥夺。高等学校实施学生管理也是一种权利，但这种权利是一种公权，是高等学校作为公法人，由一定的法律和行政机关赋予的，本质上是由人民过渡的权利。作为公权，不得放弃，如果高校放弃了管理权利的行使，就意味着放弃了义务的履行。因此，为保证学校管理权的正常行使，作为管理对象——学生应当给予一定的配合，这种配合即属于学生应当履行的义务。

（二）奖惩制度创新的机制和实践

1. 奖惩制度创新的机制

推动高校学生奖惩制度创新的重点是要建立起四个机制，具体如下：

（1）动力机制。变化是创新永恒的动力。当一个组织面临环境的变化，认为其还足以应付时,它的创新愿望可能不会有效激发;而只有当它意识到凭借现有的组织结构、制度或能力不足以应付变化的环境,感到有危机时,创新愿望才可能被激发。我国高校学生奖惩制度运行几十年来,制度本身与"现状"出现了极大的冲突,依靠微调已经不能弥补其间的裂隙,高校学生奖惩制度尤其是学生违纪处理条例,在管理实践中已经产生了危机感,必须进行根本性的变革,制度创新才可应运而生。

(2)决策机制。制度创新的具体实施在于基层,而创新决策取决于领导层。领导层的思维以及营造的环境气氛(或文化),对创新具有巨大影响力。创新需要时间,并且往往会引起一定程度的阻碍和抵制,因为创新不仅仅是简单地改变完成一件事情的方法,它更是行为方式和思维方式的深层次变化。既然行为模式不可能在一夜之间发生变化,那么就不可能通过命令来实现真正的创新。创新同样是一种思维模式,它是一种对现状经常持有怀疑态度的习惯,它绝对不会想当然地把过去行得通的做法用于现在的情况。因此,高校学生奖惩制度的创新,一方面来自"现状"的压力,另一方面来自领导层不断探索和实验的习惯,以及由领导层的示范效应而带给所有人的敢于创新、乐于创新的气氛,并创造条件使得人们调整因创新而发生的思维和行为方式的变化。

领导层的决策还在于对创新结果的选择。人们的创新结果可能很多,有的也许相互矛盾,在这些备选结果中哪些保留、哪些放弃,领导层必须作出决定。而一旦作出了决定,选择的创新结果进入了制度范畴,那么下面的基础组织就必须执行,尽管可能这种制度还存在某些不完善之处。

(3)反馈机制。创新结果是否适应现状和未来发展,必须经过实践的检验,考察其适应性和可行性。因此,创新的后期工作总是要回顾上一次的结果,反问哪些方面是成功的,哪些方面没有达到应有的效果,然后保留成功的方法,在上一次没有达到预期目标的地方尝试不同的思路和做法。高校学生奖惩制度创新实践必须通过反复的调研、比较,在许多预选方案中选择最适宜的方案,并且要不断回馈实施的信息,以验证方案的可行性。

(4)调整机制。制度创新不可能一蹴而就,它是在反复调整、不断修正中完善的。高校学生奖惩制度关系到学生的切身利益,每一项条款都必须慎重,要根据反馈结果显示的制度与现状的差距适时实施调整。

调整的依据：一是国家的法律法规。二是高校学生实际情况的变化。三是高等教育和高等学校管理的实际。调整的核心是围绕学生的权益保护，调整的目标是在学校管理与学生权益之间寻求动态平衡点。

2. 奖惩制度创新的实践

在学生奖励方面，从过去较单一的形式（如"三好学生"）向多层次、多形式（综合奖、单项奖）转变。我国高校的学生奖励制度比较注重共性，忽视个性发展。大多是"三好学生""优秀学生干部"或"先进班集体"等评选，沿袭了十几年甚至几十年，其激励的边际效应已经降低。为有效发挥奖励的激励作用，可以采取定期奖励与不定期奖励相结合、综合奖励与各类单项奖励相结合的方式，每年均在学生中大力开展"争先创优"活动，集中表彰一批活动中表现突出的先进集体和个人；根据学校参加和组织的一些大型活动，适时地奖励一批表现突出的学生集体和个人。

在奖励评定标准方面，既注重考察学生的综合素质，对德智体美等全面发展的学生进行综合奖励，制定综合奖励评定条例，设立综合奖学金、优秀学生奖励等，又鼓励学生的个性特长发挥和发展，制定各类单项奖评定条例，对在文艺体育、科技学术、社会实践、社会服务和见义勇为等方面表现突出的学生进行奖励，尤其对获得国际级或国家级奖的学生实行重奖。同时，规范表彰奖励的评定程序，严格标准、严格推荐、严格审查、严格公示，不允许暗箱操作，凡是校级以上的奖励评选，必须网上公示，接受全校师生的监督。如此形成点面结合、层次分明、公开透明的学生奖励机制。

在学生处分制度方面，首先，取消和修订一些与我国的基本法律制度和教育部新颁布的《普通高等学校学生管理规定》相违背、不一致的条款。其次，要确立学生违纪处理条例修改的基本原则和要求，要体现育人为本的原则；条款要符合教育部的有关规定，符合学校的实际情况，符合教育发展规律。条款制定宜细不宜粗，以便于操作；对学生处理宜宽不宜严，重在教育；处理材料宜实不宜虚，减少随意性。再次，强化程序规范，确立学生权益救济渠道，建立学生申诉制度，成立学生申诉处理委员会。最后，对毕业生违纪处理中的特殊情况在不违背国家有关规定的条件下，进行适当的变通处理。

（三）奖惩制度实施的程序设计

高校学生奖惩制度实施程序设计既是依法治校的重要体现，是保护学生合法权益的重要途径，又是高校开展学生教育的载体，对学生起着"无为而治"的作用。明确高校学生奖惩制度的实施程序，是人本教育的重要体现。

引入现代先进的司法程序（如听证制、申诉程序、奖惩委员会的设立等）于学校学生管理中，设立学生奖惩管理的正当程序，其目的是提高学生在学校管理工作中的参与性，增强学生管理的公开性、公正性，切实维护学生的正当权益。在具体实施奖惩的过程中，以下四个方面需要在实践环节中加以重视和强化，具体如下：

（1）奖惩制度制定前应实行听证制度。听证的主要内容包括：制定本奖惩制度的必要性、可行性，依据是否充分，奖惩的定性表述是否准确，定量表述是否适度等。参加听证的人员一般应包括管理者和被管理者，即教职工与学生两个方面，尤其是要充分听取和尊重被管理者——学生的意见和建议。

（2）奖惩制度运行过程中的公示问题。随着学生法律意识、维权意识的逐步增强，公示作为体现知情权的重要方式日益受到学生的重视和关注。除了奖惩初步结果公示之外，学校对于奖惩制度的起草、会审、通过、更改以及奖惩评比和审批过程的各个环节，均应通过一定方式面向学生本人以及学生群体予以公布。公示各个环节的工作，实际上是对被管理者展示奖惩的实施程序合法、合规的过程。特别是学生申诉制度建立后，程序是否合法最容易引起纠纷、争端，做好这项工作，有利于增强管理效能，有利于维护学校稳定。

（3）建立完善的学生申诉制度。按照新的高校学生管理规定，学生对学校给予自己的处罚有权申诉，学校应成立专门的机构负责接收学生申诉，再次进行调查核实，作出处理答复。在具体实践中，学生事务申诉工作机构的组成应与作为纪律处分的管理部门区别开来。也就是说，要避免既当运动员，又担任裁判员的现象，否则难以真正体现申诉处理的合法性。

由于目前学生申诉的受理未发展到非高校内部组织来受理的层面，在这一特殊背景下，原则上由学生工作部门、教务部门对学生违纪违规行为提出处意见，学生申诉的受理部门是学校成立的由主管书记负责的学生申诉委员会，它由学生代表和纪检、监察、组织、人事、保卫等部门工作人员组成，作为学生申诉的仲裁机构，同时成立校学生申诉办公室，可设在监察处。

（4）奖惩执行后的监控问题。在高校这个特殊的社会组织中，奖惩的目的主要在于激励学生成才，约束学生自觉把自己的行为控制在社会、学校以及大学生群体允许的范围之内，即奖惩的目的主要在于教育学生勤学成才。因此，奖惩结果的公布不仅仅是实施奖惩的第一步，也是实现奖惩目的的第一步。在这个意义上，加强奖惩实施后的监控就显得尤其重要。对于奖励的事项，主要关注其是否起到影响、促进学生向健康、积极、向上的方向发展。对于惩处的事项，主要关注其是否对学生本人起到了教育的目的，学生在这一方面的言行是否有所改善，是否开始向好的方面发展；同时，还要关注惩处个案是否对群体的行为产生了积极影响。此外，加强监控的过程，同时也是修改和完善奖惩制度收集、汇总信息的过程。

（四）奖惩制度创新的环境条件与制约因素研究

创新需要跨越原有的界限，作为制度创新者首先要意识到这些界限的客观存在。因此，认识制度创新的环境条件以及由此产生的制约因素是非常重要的，它可以帮助我们选择正确的创新方向，拟订合适的创新目标与任务。

（1）高校学生奖惩制度创新的环境条件。制度创新的环境条件包括以下三个层面：一是制度本身的环境，即它的历史、构成、功能等；二是制度所处行业的环境，即行业特点、发展前景和行业规范等；三是制度所在地区和国家的环境，即国家的制度、政策、管理理念等。具体到高校学生奖惩制度创新，在环境认识中要分析我国高校学生奖惩制度的发展沿革，这种制度在我国高等教育发展中的地位和作用，制度的优点和潜在的缺陷等；我国高等学校学生管理的特点和规则，学生管理制度的范式以及在整个高等教育中的地位等；我国的政治、经济、教育、法律制度环境，以及我国高等教育发展的现状和趋势等。

（2）高校学生奖惩制度创新的制约因素。我国高校学生奖惩制度所处的以上环境条件，规定了其创新过程中的制约因素。但并非所有的制约因素都是创新不能逾越的界线，随着社会的变迁和发展，创新就是要突破某些制约，把一些制约因素作为创新的突破口。如高校学生管理规定突破过去高校管理重视学校利益的维护、忽视学生权利保护的情况，专门对学生的权利与义务作出规定；突破过去对学生婚姻状况的限制，取消了相应的条款规定等。当然也并非所有的制约因素都是创新可以逾越的，高等学校的教育目标及任务、国家的政治法律制度不能违背或超越，这些是在进行学生奖惩制度创新中必须遵循的基本原则。

同时，学校内外客观存在的一些因素也影响着高校学生奖惩制度的创新和实践。如学校内部管理体制和机制的缺陷可能影响学生奖惩制度的正常运行；学生诚信意识的淡薄可能使得奖惩制度失去应有的激励与约束效力；学校外部周边环境管理不善与学校内部严格管理形成的反差，可能导致学生对学校管理规定的逆反和不信任等。这些有的需要学校自身逐步完善，有的需要政府、学校、社会的共同协调和努力，为学生管理制度的创新与完善创造更好的内外环境。

第三节　高校学生的法治化管理路径

在高校学生管理工作中，班级管理是管理工作的"细胞"，是最基本的管理形式。即使在真正实行学分制以后，行政班级不存在了，也会形成以导师为主的自然班级，也离不开班级管理。可见，发挥班主任的主观能动性，调动班级管理的一切积极因素，是高校学生管理工作中最重要的部分之一。

一、高校学生班级管理

班级是一种教学组织形式，高校班级也是班级授课制的产物。由于它有组织、有领导、有制度、有计划，因此，也可以把它看成是一种社会组织。其目的就是要从社会学的角度，运用行政管理学的观点来分析高校班级的构成、班级的类型、班长的类型以及班级成员间的相互联系，为班级管理提供一点理论依据，从而促进高校学生管理工作。[①]

[①] 曾瑜，邱燕，王艳碧.高校学生管理工作法治化研究[M].成都：西南交通大学出版社，2016.

（一）班级的构成要素

在社会学中，社会组织被看成是一种复杂的社会群体。社会学意义上的高校班级在构成上也具有如下几方面构成要素：要有共同的奋斗目标；要有一套全体成员共同遵守的并以此来维系班级的规章制度；要有一个领导班子，这个领导班子通过一定的形式把班级的全部工作从学习、生活到工作全部抓起来。另外，在班级的存在和发展过程中还必然有如下几方面的内容作为班级的构成要素：班风；全体成员所认同的权威和活动方式；在全体成员中占主导地位及非主导地位的思想意识；全体成员的课外活动及内容；全体成员对国家及学校大事的关心程度；对学校组织的活动的参与情况及结果等。

班级在学校中是以一个集体的身份来执行学校的规章制度，完成它的行政职能的。所以根据行政管理学的理论，它又具有三层含义：一是班级是一种活动，除了内部成员的学习生活外，还通过各种活动（包括自发组织的和学校组织的）来达到自己的目标；二是它是一种形式，除了本身以一个班级的形式存在外，还通过各种活动形式和组织的形式来发展；三是班级也是一种关系，关系发生于不同的活动和形式之间。

从社会学角度将高校班级作为一种社会组织进行其构成上的解剖，其意义就在于可以使其在抓学生班级管理的过程中，能有针对性地对班级构成要素进行系统管理，避免学生管理工作中的盲目性和盲动性。

（二）班级的类型

社会组织是分类型的。按照马克思主义的观点，社会组织是人们社会结合的一种形式，是人与人之间的一定社会关系的表现。因此，在社会组织的分类上就应以人及其行为结果为依据。若从班级目标的表现程度及实现结果处着眼，可将班级分为以下几种类型：

（1）理想型。这是最高类型的班级。其特点表现为有明确的奋斗目标，有健全的组织系统，有严格的规章制度和纪律，有强有力的领导核心，有正确的舆论和优良的传统、作风。因此，全体成员能正确处理国家、集体、个人三者之间的利益，积极开展和参加健康的活动。班集体一旦形成，便有强大的教育力量和自我约束力量，集体荣誉成为每个成员的最高道德标准。维护集体利益，发奋学习，成为每个成员的第一需要。集体的民主气氛浓厚，各项工作和活动能够协调一致。①

（2）一般型。突出表现是缺乏共同的奋斗目标，领导力量薄弱，整个班级缺乏凝聚力。由于班级成员的素质较为接近且层次略低，集体观念比较淡薄，因此班级成员比较墨守成规，囿于个人的圈子内，较少出现违反校规校纪的现象。班级学生很少参加各项活动，大多埋头学习，学生的学习成绩大都较好，知识面广，但其他方面的能力发展较差。

（3）涣散型或分离型。这是一种较为复杂的班级，这种班级的出现，大多数是因为班级同时存在几个权威，且班委不能团结一致。所以学生听命于不同的核心，各项活动不能统一，形成和班委会对立的小集团，即一般理论所说的非正式组织，从而严重地干扰和破坏班级的正常生活、学习和工作，使班级涣散或分离。这类班级违反校规校纪的现象较多。

从上述班级类型的分析可以看到，影响班级类型形成的因素体现在几个方面：高校班级成员各自不同的性格、兴趣、爱好、思维方式，决定成员彼此之间会发生各种矛盾。这些矛盾、矛盾的影响程度和范围，以及对矛盾的处理都影响班级的发展，形成不同的班级类型。班委会群体力量的模式可以塑造班级的类型，班级中权威言行或思想意识可能支配班级的类型，班级的参照体可能"束缚"班级的类型，辅导员、班主任或其他有关教师的影响和参与可能引导班级的类型。对于班级类型的形成有影响作用的这几个方面，又是相互交织共同起作用的，在现实生活中很难区分它们之间的界限。但是一般刻意地追求和规范化地塑造是起主导作用的。以上的几个方面都能给管理者提供一种协调或者渗透的可能，使之可按预期的模式发展。

（三）班级中存在的人际关系类型

社会组织的理论认为，社会生活是相当复杂的，人们在社会生活中交互作用而形成的关系也是多种多样的。但班级成员间的人际关系，由于其附属于学

---

① 孟宣廷. 高等学校学生管理法治化研究 [M]. 大连：大连理工大学出版社，2005.

校班级这个正式组织，故在表现形式上就显得相对独立。大体说来，一个班级一般存在以下几种类型的人际关系，具体如下：

（1）同学关系。这是普遍的关系，存在于所有成员之间。这种关系，包含着其他所有的关系，这种关系空间感不强。

（2）同乡关系。离开家乡的学生，当他乡相遇时会形成同乡关系。这种关系，地方保护色彩较浓。

（3）同舍关系。住在同一宿舍的学生是生活上的亲密者。关系相处得好的同一宿舍的学生常常有同步的效应和默契，空间感缩小，内心交流扩大，成为知己的较多。宿舍将成为毕业后回忆和留恋最多的地方，同时也是向其他人进行表白的谈资。

（4）同趣关系。志趣相投的学生容易成为知音。这些人在生活中某些方面步调一致，同心协力。在他们的周围形成一个流动性的圈子，但这种关系较为松散，成员不固定，随着兴趣的发生与转移，关系容易形成亦容易解除。

（5）同源关系。这里"源"是指相同的家庭状况、经历和遭遇，由于同源关系双方的性格上有些相似，属于精神上的挚友，合作态度较好。

（6）同事关系。这种关系一般表现在班级的学生干部身上。他们的关系可能在事实上并非很好，但为了班级工作或其他原因，干部之间必须合作。这种关系和同学关系较为类似。

以上的这几种人际关系可以说存在于所有的班级中，有的表现较为明显，有的表现较为隐秘。这些关系在其发展中有可能继续加固和扩大，有的可能削弱和解体，扩大和加固的就有可能形成一些非正式组织。

（四）班级与非正式组织

所谓非正式组织是班级中由于个人的接触、交往和相互影响而自由结合形成的联合体，这种结合纯属偶然、意外而不带目的性，简而言之非正式组织就是一种小集团。这种非正式组织一旦形成势力，便会左右和影响班级的各个方面，因此任何正式组织都要重视这种非正式组织。

非正式组织的积极作用一般具体表现在四点：第一，可以调节和弥补班级集体的不足之处，促进班级集体的自身建设。第二，可以了解和沟通正式渠道难以得到的意见和信息，使班级的建设趋于合理和提高。第三，可以规定和影响个别成员，使班级保持和谐一致，从而分担班级干部的任务和责任，改善班级环境，实现班级目标。第四，可以给小集团成员以社会满足感，取得内心平衡。

（五）班级中班干部的类型

高校班级人数较少，一般都在20—30人，因此班级的层次性较少，基本的结构是：班委会5—7人，团支部2—3人，班委会下设几个小组，团支部下设几个团小组。班委会负责班级的日常事务，解决班级重大问题，决策班级的重大活动，团支部带领或协调组织全班学生参加或参与学校组织的各项活动。经观察和调查发现，在班级中一般都是班委会起主导作用。

一个班级的好坏，在其发展中虽然取决于班委会的群体力量的强弱、班级成员平均素质的高低，但班长个人的素质不容忽视，往往还起着决定性作用。从行政管理的角度讲，班长是一个班级的行政首长，他个人的好恶喜怒、思想风格、意志品质，都会辐射给周围，影响班级的发展。班长一般有几种类型，具体如下：

（1）集权型。这种类型的班长如果能力较强，善于控制局势，班级就会众心归一，形成一个集体。这种类型的班长往往在校、系的学生会中任要职。

（2）民主型。这种类型的班长较为常见。班长作风民主，遇事多同班级委员会的其他成员商量，从不妄自独断，高高在上；平均使用权力，分工明确，严格执行"各司其职，各负其责"的原则；能紧紧团结班级委员会并形成核心；能及时有力地化解各种矛盾；和非正式组织相互合作，并最终使之解散。这种班长大多属于温和派，被人承认和接受需要较长一段时间，但最终能使班级成为一个有力的班集体。

（3）放任型。这种类型的班长一般说来学习成绩较好，工作能力较差或一般，没有能力和信心将班级的同学团结在自己的周围；缺乏竞争意识，责任心和事业心均不强，但能埋头学习，成绩一直较好；不注重或很少注重人际关系，和班级同学、老师均无过密之交；遇事不能出头露面，退退缩缩。放任型班长所在的班级一般都是平安型。

目前在学生中出现一个特殊的阶层。这些学生几乎都是干部或学生中的权威,他们凭借手中的优越条件,凌驾于普通学生之上。他们严重脱离班级,影响较坏。这一现象的形成除了个人和社会因素外,与辅导员或有关领导平时对他们的特殊态度也不无关系。

要加强校风的建设,整顿班风和系风,必须重视和解决好这一阶层的问题。要在学生干部中实行轮换制,让每个学生都有锻炼能力、施展才华的机会。要待人平等,对学生干部的任用,应注意德、智、体全面发展,不要因为学生有某种特长或学习成绩较好就委以重任,要看他是否具有一定的思想素质、道德水平及工作能力。

当代的组织理论从热力学中引入了"熵"的概念来说明问题。在组织理论中,"熵"是指一个组织是否吸收外部环境中的能量和资源并向社会输出能量,它是衡量一个组织系统秩序是否失调的尺度。"熵"有正负之分,正熵表示组织走向解体或死亡,负熵表示组织的延缓。这种理论对于实行干部轮换制是有积极启发意义的。一个班级要想获得新鲜的血液,健康地向前运行,班级的领导核心就得吸收逐渐崛起的在学生中有一定威望和权威的德才兼备的学生,使新生的班级核心不断补充能量和释放能量。

关于班级问题的探讨与分析,在目前来说,既没有现成的理论依据,也没有专门的研究成果,但它是学校管理中必然遇到的问题,所以必须给予重视。在贯彻教育方针的过程中,班级作为学校管理学生的一种方法和手段,必须要加强建设,深入研究与之相关联的各方面的情况,从而将主动权掌握在教育者手中。

二、高校学生班主任工作管理

在大学学习期间,班级是学生最基本的学习、生活单位。一个班集体的好坏,对几十名学生的健康成长和建功成才有着不可低估的导向和熏陶作用。所以,大学的班主任工作依然非常重要,是高校学生管理工作的核心环节,也是高等教育的重要组成部分。做好班主任工作要明确带班方向,选拔、用好学生班干部,政治教育要狠抓信仰这个根本问题,学风建设要侧重于培养能力、造就人才,在培养学生良好生活作风和道德情操时,应注意管理与教育的有机结合。

作为一名优秀班主任，还需要在思想、道德、学术和育人能力等方面有较高素养。总之，班主任工作是一门艺术。

（一）班主任工作的前提是确定目标

作为班主任，必须明确目标。诚然，高校教育不能离开教育方针这个总目标，但是，随着学生年龄、学历的增长，生理、心理的变化，不同类型学校、不同层次班级的学生各有特点，这些特点便是班主任开展工作的出发点。

把教育方针与班级特点有机地结合起来，就形成了一个班级的奋斗目标：在政治上积极向上，保持正确的政治方向，有积极的参与意识；在学业上，勤奋严谨，富有开拓进取精神；在道德品质、生活作风上遵纪守法、团结奉献、文明高雅、生动活泼、有时代感，追求高尚、和谐的境界。教育过程是通过教育主体与教育客体有机结合来完成的，班主任的设想要变为现实，首先必须变为学生的共识、学生的愿望。

确立明确的班级奋斗目标，对班主任和学生都具有重要意义。班主任在构思长远班级工作蓝图、制订学期计划、配备学生干部、进行思想教育、开展课外活动时，可以避免盲目性、随意性，做到有条不紊、循序渐进。学生会感受到向上、和谐的氛围和凝聚力，将在自己的潜意识中产生积极的导向作用。

（二）班风建设的关键是配备干部

每个班主任都刻意追求一个良好的班风，如果说确定目标是前提，那么，配备学生干部就是关键。它主要包括三点：第一，当代大学生普遍有强烈的"自我"意识，班主任事无巨细地过问，往往事与愿违，甚至造成逆反心理。班主任应该利用学生这种心理，变盲目的"自我"为自我管理、自我服务、自我教育。那么，通过班干部使学生更好地完成"三自"，则是他们更容易接受，效果更为理想的方式。第二，班干部与学生朝夕相处，是每个学生生活细节和思想境界的知情人。如果没有学生干部，班主任对学生的情况势必若明若暗，班级管理的思想和措施将很难转变成学生的实践。第三，学生干部多为德才兼备或具有特长者，是学生心目中的领袖，对学生有直接的感染力和凝聚力。总之，学生干部是班主任与学生之间的"桥梁""纽带""信息网"和"催化剂"。所以，配备得力的干部是班风建设的关键。

在选拔任用班干部时，应注意到以下两点：

（1）坚持三条标准，即正派、热心、精干。正派，是指班干部必须光明磊落、坚持原则、德才兼备，由这样的班干部组成的班委会才有威信、有凝聚力，班风才能良好。相反，若让一些言行不一、拉帮结伙的学生担任班干部，势必涣散集体，毁坏班风。热心，是指关心集体，有责任感和奉献精神。热心的干部，才可能踏踏实实地开展工作，讲求实效，任劳任怨，积极探索。精干，是指思考周密，独立解决问题的能力强，工作效率高，有开拓精神。

（2）选拔方式要做到三种相结合：一是档案与考察结合。从新生中选拔干部，主要参考中学时的档案。但是，不可把中学档案视为唯一依据，因为有些档案对学生的评价赞誉胜过实际，班主任若只是按图索骥，难免出现失误。应该对候选干部先行试用，认真观察考验，再定取舍。二是选举与指定结合。选举是产生干部的基本方式，通过选举产生的班干部有群众基础，有号召力，便于开展工作。随着年级增高，同学关系复杂化以及学生考虑问题角度变化，民主选举也可能会带有局限性。因此，在班干部换届之前应做充分的酝酿和舆论导向工作，以保证优秀学生当选。分工时，班级的核心干部最好由班主任指定。三是稳定与更新结合。一个得力干部班子及其良好作风的形成，需要成员之间的团结协作和实践磨炼，为保持良好传统，班级干部队伍的相对稳定是必要的。但是，如果不适当补充新干部，班子会缺乏活力，而且，学生未来职业的特点也要求他们具备一定的组织、管理和其他社会活动能力。因此，每学期要改选一次，补充一定数量的新干部。

在使用干部时，需要注意两个问题：一是培养干部的工作能力。具体做法是：明确任务、指导方法、敢于放手、认真评估。每届新班委会产生，班主任都要详细布置班级工作任务，明确每个干部的职责，并要求他们制订出各自的工作计划，汇总后形成本届班委会工作方案。班主任要在学生干部的工作方法上予以适当指导，比如何调动学生的积极性，如何组织社会调查活动，等等。学生干部的工作能力，主要是从实践中锻炼出来的，班主任要敢于放手让学生自己去干。对他们的工作，既要提倡创新，鼓励开拓，也要允许有失误，吸取教训。对学生干部工作的认真评估,可帮助他们发扬成绩,找出差距,总结经验教训,也是培养干部能力的重要环节。二是爱护干部。主要体现在保护积极的、推荐优秀的、挽救失误的三个方面。对于工作热情高的干部,班主任应大力扶持,参与他们组织的活动并提供便利条件,特别是要妥善保护那些坚持原则、敢讲真话的干部,以免导致他们在学生中陷入窘况,产生矛盾,挫伤积极性;对于经过考验,确属优秀的干部,班主任应及时推荐给校、系学生组织,以使他们能在更高层次中得到锻炼;对于个别犯错误的干部,既要严肃批评,帮助他们认识错误,又要努力挽救,变消极因素为积极因素,如有可能,则提供重新工作的机会,使他们重新振作起来并发挥自己的特点。

(三)思想政治教育的根本是树立信仰

大学生的思想政治教育是一项系统工程,需要齐抓共建。作为班主任,应该有针对性地狠抓信仰这个根本性问题。班主任在培养学生坚定正确的政治方向时,必须狠抓树立马克思主义信仰这个根本问题。

(1)先学点基础理论。造成大学生信仰危机的重要因素之一是个别大学生缺乏马列主义理论常识,当各种流派的思潮袭来时,因缺乏鉴别力而随波逐流。另外,大学生思想活跃,求知欲强,崇拜名人名著,但社会阅历不深,容易轻信各种学说。针对这些思想特点,在对他们进行思想政治教育时,要注意理论性、知识性、实践性相结合。马克思主义是经实践检验的最严密、最深刻的理论体系,在实践中,已经引起一场历时一世纪、波及全世界的社会大变革。通过理论常识教育,使学生真正了解一些马克思主义,提高鉴别能力,使他们不至于在面对各种思潮时茫然失措。

(2)升华学生的社会实践活动。开展社会实践活动的目的,是使学生了解国情,加深对我国改革开放政策的理解,从而坚定走具有中国特色的社会主义道路的信念。但是,如果对学生活动不加引导,认识不予以升华,就不会收到满意的效果。每次开学初,都要认真阅读学生的社会实践报告,择其优秀者在班内组织的社会实践报告会上宣讲。通过学生耳闻目睹的事实,对他们进行国情教育。

(3)采取灵活的教育方式。进行一定的思想政治教育灌输是必要的,如再配合其他方式，效果会更好。要结合青年人的特点，经常举办融思想性、知识性、娱乐性于一体的活动，如读书报告会、演讲会、专题报告会，创办党的知识手抄小报，组织党章学习小组等。实践表明，抓住树立信仰这个根本问题，可以带动班级的整体思想政治教育工作。

（四）学风建设的主题是造就人才

大学工作的中心任务是培养能力、造就人才。作为班主任，忽视班级的学风建设，将是严重失职。抓学风建设，需要从实际出发。近几年，高校学生厌学风气有所形成，究其原因有很多种，其中，对高等教育的认识片面，是干扰大学生积极进取的重要因素之一。大学主要不是传授知识，而是教会学生取得知识的方法。高等教育的任务，应该是根据年级层次，由传授知识为主逐渐转向培养能力和造就人才为主。基于这种认识，班主任在抓班级学风建设时，应始终紧扣培养能力、造就人才这个主题。

（1）制定四年一体化的培养方案。高等院校的教师，绝大多数是各有专业，各司其教，如同铁路警察，各管一段。这势必造成在对学生的学习动力、努力方向、研究方法、综合能力等方面的培养和训练上缺乏科学、系统的宏观协调。针对这种情况，结合专业特点，可制订1—4年级系统化的培养方案，核心构思是根据年级层次，由知识型向能力型转变，由培养人才向造就人才转变。

（2）有条不紊地实践。从大学一年级开始，配合专业课学习，可从校内外聘请学有专长的学者、教师在班内做系列学术讲座。具体可开辟"发奋读书，立志成才""研究生成功之路""图书馆的利用""职业道德素养""学术论文的表述""报考研究生诸问题"以及人文专题等讲座，这些活动都需依照年级层次有针对性地选定。

选题的基本思路是激励学生有追求、不虚度，爱读书、会读书，掌握获取知识的方法，注意理论和能力的培养训练，鼓励学生脱颖而出和建功成才。与此同时，经常开展读书报告会、书法和演讲比赛、模拟教学等学术活动，并创办墙报、刊物以活跃学术气氛。针对高年级学生两极分化的趋势，可采取抓两极带中间的措施。一方面大力鼓励优秀学生朝着继续深造的方向努力，对其中突出者给予特殊奖励，例如，凡是通过国家四级英语考试的学生，班内都要予以奖励；另一方面，对个别不够努力的学生，分别做思想工作，引导他们着眼于未来教育，立足于提高专业素质，不负于美好青春；同时，可以组织学生成立社会调查小组，以"社会需要什么样的高素质人才"为题，对不同的企事业单位进行大量的问卷与座谈调查。

社会欢迎的是那些知识丰富、能力突出、思想活跃、品德高尚、具有时代感的优秀人才，所以，大学生群体应抓紧时间读书，扩大知识视野，加强各种能力的培养和自我完善。

（五）优化生活作风的要诀是管、教相结合

树立高尚、和谐的班级生活作风，是一项长期、复杂、细致的工作。对此，在优化班级生活作风时，既需要严格的行政管理，更需要深入细致的思想教育，二者需要有机地结合。

1. 管理方面的制度化与定量化

第一，制度化。学校的各项规章制度是维持学生学习、生活秩序的根据、保证，离开校规校纪，建设良好班级风气就无从谈起。因此，班主任严格照章管理是优化学生生活作风的起码要求。新生入校，班主任要配合校、系开展入学教育，反复细致地向学生介绍学校的各项制度和大学生行为规范，使他们清楚什么是不允许做的，哪些是必须做的。并在此基础上制定班级文明公约，张贴于教室醒目之处，通过这些来增强学生的秩序意识。在新生还没有形成一个良好的生活、学习习惯以前，班主任的跟班到位非常必要，可以督促学生尽快适应学校秩序，养成自觉遵守校规校纪的习惯。对违纪的学生，班主任应不隐恶、不护短、照章处罚，以维护制度的严肃性。

第二，定量化。一般来说，校园生活很少有惊天动地之举，学生的优劣是从他们平时德、智、体、美、劳的综合表现中区分开来的。如果班主任平时缺乏对学生各方面情况的详细记载，那么，在评价学生时就难免出现两种倾向：或者凭一时印象，贬褒脱离实际；或者因情况不明，一律半斤八两，优劣难分。这样就很难达到管理的目的。因此，班主任对学生的学习成绩、发明创造、政治活动、生活纪律、社会工作、公益事务等方面情况以及参加次数、名次效果

都要有详细准确的记载，并且转换成数量关系，进行比较排队。实行定量化管理，在团员考核定格、评定奖学金和德、智、体综合测评时，就可以大大减少误差，而且公平、合理，使学生心悦诚服，奖励表彰也能发挥其应有的作用。

2. 管理方面的正面教育与潜移默化

任何规章制度必须转化为学生的思想，才能真正发挥作用，而思想教育就是这一过程的"催化剂"。更重要的是，人的精神世界深邃复杂，有些是任何规章制度也无法规范和约束的。例如后进学生的思想转化，优良品质、高尚情操的培养等，光靠行政管理是难以奏效的，而思想教育却有其独到之处。在进行思想教育时，要注意坚持正面教育和潜移默化。

（1）坚持正面教育。由于中小学片面追求升学率，从学校到家庭，更关注学生的智力教育，而放松了思想品德的培养。对大多数中学生来说，升学是唯一的任务。大学班主任在优化学生生活作风时，必须从上述实际情况出发，从一年级开始，就针对大学生行为规范、专业思想、职业道德、集体主义、人际关系等问题进行正面教育。同时也要认识到，做好犯错误学生的思想转化工作，也是思想教育的重要内容。

对违纪学生进行处罚是必要的，但是，处罚只是手段，目的是促使他转变。不配合思想教育的处罚往往会增加消极因素，反而达不到处罚的目的。对犯错误的学生，班主任要采取严肃批评、耐心转化的教育方法。例如，两名学生入学不久就发生违纪问题，这时可及时召开班级生活会，并和学生们一起认真分析违纪的思想根源，严肃指明错误性质，殷切提出希望，并建议组织根据本人的诚恳态度从轻处罚。这些做法能真正达到教育本人的目的。后来，经过多次深入细致的思想转化工作，并为他们提供发挥自己特长的机会，这两名学生终于振作起来，连任学生干部，工作出色，受到学校的表彰。

（2）潜移默化。这里是指优化班级环境，陶冶学生的高尚情操。生活在集体中的人有很强的从众心理，青少年更是如此。因此，优化班级环境对大学生思想情感、道德情操的教育效果有时是正面说教根本无法达到的。可积极引导学生广泛开展有益、高尚的集体活动，举办跨班、跨系、跨校的学生联谊会，经常开展演讲会、书法文体比赛、游览、参观、各种形式的晚会以及创办文艺板报、诗刊等别开生面的课外活动，创造良好的班级环境，用真、善、美占据学生的课余时间和思想空间，以文明、高雅、和谐的校园生活来陶冶学生的情操，从而培养他们热爱生活、热爱集体、热爱祖国和无私奉献的精神。管理和教育同为育人手段，前者是保证，后者是基础，二者的有机结合是优化班级生活作风的要诀。

综上所述，班主任工作要方向对、情况明、讲科学、下功夫，但是这还远远不够。高度的责任感、事业心，对学生的深厚感情和无私奉献精神是当好班主任的思想动力，高尚的道德修养、全面的育人能力、较高的学术水平是优秀班主任应具备的素质。总而言之，班主任工作是对学生的朴素的爱的升华，是奉献精神的提炼，是育人思想性与科学性的高度统一，是一门需要不断探索的综合艺术。

三、高校学生班主任在班集体人际关系中的作用

大学生人际关系是大学生之间通过各种活动必然结成的一种关系，它是一个较复杂的系统，包含了个人与个人、集体与集体、个人与集体、正式群体与非正式群体等种种关系，而班集体人际关系仅是其中的一个分系统，主要包含个人与个人、个人与集体、班级非正式群体与班级正式群体等几种关系。

（一）良好人际关系的作用

融洽、和谐的人际关系对处于一定社会环境的人的身心健康有积极的促进作用，这一点，对大学生也不例外。而且，对于正处于心理不成熟阶段的大学生来说，融洽、和谐的人际关系更有其特殊而重要的意义和作用，这主要表现在帮助大学生学会正确处理各种人际关系，向社会学习，使其顺利进入甚至完成青年时期的初步社会化阶段，促进他们的个性健康发展。融洽的人际关系具有以下几点作用：

（1）给青年以稳定感和归属感。

（2）给青年以健康的娱乐场所。

（3）使青年获得社交经验。

（4）使青年提高宽容和理解的能力。

（5）给青年以学习社交技术的机会。

（6）给青年以培养社会洞察力的机会。

（7）发展对集体的忠诚心。

（8）使青年体验求爱行为。

（二）影响班集体人际关系的重要因素

班集体人际关系指的是高校班级内部的人际关系。处理好大学生人际关系，既是高校的愿望，也是每一个初入大学校门的学生的真诚所求。

影响人际关系密切程度的主要因素依次为以下几点：

（1）时空接近性。时空距离是形成密切人际关系的一个重要条件。大学生或因同乡，或同一寝室，或因同时入学经常接触，从而为建立密切的人际关系打下了良好的基础。

（2）态度相似性。如果大学生之间对某种事物和事件有相近或相同的态度，具有共同的追求、兴趣、价值观，则感情容易引起共鸣，形成融洽的人际关系。

（3）需求互补性。大学生生活和学习中会产生多种心理需求，如果一方的行为或心理的、个性的特点，正好能满足另一方的心理需求，双方的关系就会密切起来。

（4）外表和个性特征。外表包括人的外貌、身高、风度等。这些因素也会影响人与人之间的关系。

上述几种客观因素，对处于自然发展状态的班集体人际关系起着重要的、潜移默化的影响、制约作用，但是，高校班集体人际关系并不仅仅是在自然状态中发展的。作为班主任，一方面由于其所具有的法定权威（即靠社会固定程序而获得的权威），另一方面由于班主任在与学生的较长时间的交往中，双方的"心理相容"（主要指受教育者对教育者表示认同，愿意接受其影响）强度较高，所以，在指导、处理班级的各种管理事务、思想教育工作中，班主任必然对班级内部的人际关系有触动、影响作用。因而，加强这方面的探讨，就成为一项很有实际意义的课题。

处理好大学生的人际关系，创造出融洽、温暖的人际关系环境，一方面要依赖上述各种存在于大学生班集体内部的客观因素，另一方面则依赖于班主任强有力的,及时而恰到好处的引导和协调,且后者更为重要,这正是应该着重要讨论并解决的问题。

(三)班主任在班集体人际关系中的积极作用

研究表明,班主任在班集体人际关系中的积极作用主要表现为以下两种:

1. 直接的作用

即班主任通过各种方式、手段直接施加影响于大学生个体,如通过谈心、批评、表扬等方式,直接对大学生人际关系的状态发生作用。这种直接作用具体表现为以下两点:

(1)控制作用。即在班集体人际关系中,班主任对人际关系的状态、发展方向、出现的问题等能够予以把握、控制,施加强有力的影响。它的特点是强制性管理手段的成分较大。可以运用非标准化观察法观察到以下几种现象:

1)由于时空接近性因素的影响,大学生往往与同一宿舍的同学人际关系特别密切,而同其他宿舍的同学关系较平淡。久而久之,这种"宿舍意识"导致同一宿舍的学生对其他宿舍学生产生一种排斥心理,从而影响大学生人际关系的改善。

2)班内非正式群体的形成、发展,在客观上对班内人际关系的改善起到一定的阻碍作用。

3)组建不久的班级内的人际交往中某种促进、改善人际关系的个别事件或限制、破坏人际关系的个别事件,对以后班集体人际关系的发展方向起到潜移默化的榜样式的影响作用。

对于以上几种影响到班集体人际关系的现象,班主任均可以发挥控制作用,促进、鼓励有利于人际关系改善的情况、因素,限制、批评不利于人际关系改善的情况、因素。

如对于上述第一种情况,班主任可以在适当时机,将班内几个宿舍的成员重新编排,形成新的宿舍集体,实践证明,这种做法的效果是较好的。对于第二种情况,班主任的控制工作主要是:一是要适当控制班内非正式群体的规模和数量,二是要注意发挥非正式小群体内的"核心人物"的特长和作用,使其在班内发挥良好的作用,三是要坚决限制"破坏型"非正式小群体,切不可任其发展,必要时,可施加压力迫使其解散。对于第三种情况,班主任可发挥其自身特殊权威性地位的作用,对于促进、改善班内人际关系的个别事件,则公开表扬、肯定,对于限制、破坏班内人际关系的个别事件,则公开批评、否定,从而在班集体内部形成一定的心理压力和权威性的行为导向舆论。

(2)协调作用。即在班集体人际关系中,班主任对人际关系发展中的各种矛盾可以充分发挥调解作用,及时消除、降低人际关系中不良因素的消极、破坏作用和影响。它的特点是说服教育、心理沟通的成分较大。在实际工作中,仅仅依赖班主任的控制作用很难产生良好效果甚至会起反作用,这就需要班主任根据具体情况,灵活变换工作方法,充分发挥协调作用。

班主任的协调作用,主要体现在对以下几种班内人际关系的协调:

1)来自不同地区的学生之间的人际关系。

2)学生干部与普通学生之间的人际关系。

3)男女学生之间的人际关系。

4)正式群体与非正式群体之间的人际关系。

5)宿舍之间的人际关系。

这五种纵横交错的人际关系不仅是构成班集体内部基本人际关系的内容,而且是容易触发人际关系矛盾,引起人际关系紧张的最主要的几种人际关系。因而,在深入学生生活圈子,了解真实情况的基础上,班主任结合学生碰到的有关人际关系的具体问题,以及不成熟的处理人际关系的行为,热情地给予指导、解释、调解,乃至于有计划、有重点地谈心,或者通过班会、团的生活会等形式,与全班学生开诚布公地、平等地讨论如何处理好人与人之间的关系,将对学生之间消除误解和纠正不恰当的人际观念及行为,形成融洽的人际关系起到良好的促进作用。

2. 间接的作用

即班主任并非直接施加影响于学生个体,而是通过特定的中介物达到目的。

(1)班风对于集体内部的人际关系状况起着直接的、重要的影响作用。所谓的"班风正",有三个因素可以说明:一是占主导地位的良好的道德观;二是共同的追求目标；三是积极向上的精神面貌。这三个因素是衡量班风的标准，也是构成班风的内容。

态度相似性是大学生密切人际关系最重要的一个原因。而上述三个因素均与"态度"紧密相关，大学生在上述三个因素方面是否会形成相近或相同的态度和认同感，将直接影响班风的状况，也直接影响到大学生的人际关系。因而，由上述三个因素组成的班风是直接影响班内人际关系的重要根源。良好的班风，必然带来融洽、和谐的人际关系。

（2）在班风建设中，班主任起着不可替代的重要作用。班主任可以通过指导、培养班级建立良好的班风，间接地对大学生人际关系起到良好的促进作用。班主任既是班风建设的规划者，也是组织者、指挥者，只要班主任恰当地发挥这种具有独特地位的影响力和精心搞好组织工作，班风建设就会循着较健康的方面发展，这一点已为许多班主任的实践经验所证明。那么，班主任就可以充分利用班风对人际关系发生影响这一特性，通过班风这个中介物，达到影响、协调班级人际关系的目的。

班主任在具体处理、引导学生人际关系时，还需重点注意以下几点：

1）在涉及大学生人际关系方面的各种问题上，班主任须持慎重态度，采用对方能理解、信任、接受的方式方法做工作。

2）班主任在班内要待人平等，办事公正。

3）注重发挥正式群体与舆论的作用，协调好班委会、团支部的关系，引导、培养正确的舆论，为融洽的人际关系发展创造一个良好的环境。

大学生人际关系问题关系到大学生自身的健康成长，也关系到能否培养出全面发展的、符合社会要求的合格人才，期待着广大的高校基层思想政治工作者从实践到理论，都有更深入更广泛的探讨。

第六章　高校学生管理工作的创新性探索

随着高校扩招和社会的不断发展，高校学生的管理工作就显得十分重要。固有的模式虽然可以保持旧的成绩，但是必须要进行不断的创新，才能够更好地发展，让高校教育真正为社会主义的发展贡献力量。本章重点探讨高校学生管理模式的创新研究、互联网＋背景下高校学生管理工作的问题与创新以及新时代下高校学生管理工作创新分析。

第一节　高校学生管理模式的创新研究

一、管理模式存在的问题

（一）管理模式过于单调

目前，很多高校的教学和管理模式太过单调，没有丰富的形式，既没有妥善地结合现在大学生的成长要求和个性特点，在实际开展教学和管理工作的时候又会被现在的应试思想所影响，产生一些不合适的规定规范。近几年来，随着社会不断发展，时代不断进步，对人才的要求也逐步提高。所以，如果高校不能对管理模式足够重视，无法针对这种情况进行合理的创新，那么就会影响人才的培养工作。①

（二）网络环境对学生的挑战

随着互联网和计算机技术迅速发展，高校的学生管理工作面临许多新的挑战。从学生的层面看，通过互联网可以丰富大学生的学习内容和课余生活，拓宽大学生的视野，但是必须认识到，网络是具有隐秘性的，这一特点会让一些不自律的人在网络中散播不良信息，对学生造成消极影响，进而阻碍高校的学生管理工作。

（三）高校只重视学生成绩

在很多的高校，有一些学生可能考试成绩并不理想，但是在实践操作上能力很强，社交能力很好，而由于受到应试教育思想的影响，很多教师仅依靠成绩去判定一个学生是否优秀，很容易偏爱学习成绩好的人，并不重视那些实践能力强的人，这一现象应该得到改变。

（四）校风降低学生积极性

有部分高校提倡自主学习，但是学生对这个自主的尺度把握得不是很好，在平时上完课后没有及时地去复习，去发掘其中的深层含义，反而去上网或者在宿舍玩手机等，教师在完成书本上的知识讲授后也没有对学生进行引导，不注重去深入学习。尤其是在考试方面，教师可能只选择考试的重点内容讲述，然后让学生背，并不重视学生思辨能力的培养，这样的学校氛围和环境，会使得学生逐渐失去学习的积极性。

二、管理模式的创新方法

（一）改变高校的管理理念，注重以人为本

如果高校要想提高自己的学生管理工作水平，学校的负责人和教师就需要树立一种意识，即为自身服务。不管是在平时正常教学课程中，还是在学生空闲娱乐时间中，相关学校工作人员都要尽量给学生提供一些实践操作的机会，

---

① 李国春，部宗娜. 高校学生管理模式创新探究 [J]. 才智，2019（11）：132.

让学生的实践能力和工作能力获得一定水平的提高。另外，教育者在工作中要充分发挥自己的价值，既要在平时教学中教给学生许多专业知识和技巧，又要关注学生的生活情况，在学生有问题的时候提供帮助，能够做到从学生的角度去看待他们，让学生真正地感受到来自学校和教师的关心，从而能够热爱学校、热爱学习，有信心去适应未来可能面临的种种情况。

（二）对学生加强网络使用教育

在目前的高校学生管理工作中，需要重点考虑对学生加强网络使用教育。随着信息技术的发展，人们可以通过互联网知道很多发生在各地的人物事件，但是由于大学生的心智发展还不够成熟，不能正确地辨别，因此需要教育者去指导他们怎样安全地使用网络，这是教育者的责任。首先，高校可以开设与网络道德、法律法规、网络安全有关的选修课，让学生在课堂中得到相关知识，树立正确的法律意识，提高道德素质。其次，在平时的教学中，教育者可以给学生分享一些真实的案例，通过案例去引导学生正确使用网络，约束自己的行为，提高大学生的辨别能力，并能够进行自我保护。最后，对于校园网络，相关工作人员需要不断进行改善优化，对网络进行检查，如果在管理工作中发现一些不良现象，要进行妥善、及时的处理，可以通过司法部门对有不良行为的人严肃处理。

（三）以学分制度管理学生

现在新课程改革不断深入，我国很多高校开始关注大学生的个性发展，尊重他们之间的差异，开始建立学分制度去加强管理工作。首先，建立学分制度可以很好地整合学校的教学信息资料，能够让学校的信息资料使用率提高，发挥自身价值，还能提升大学生的自主学习意识和创新能力。其次，在课程改革的要求下，课堂的主体已经转换为学生，如果学校可以针对学生的兴趣和能力来对选修课程进行开发，满足学生的需求，那么学生的学习积极性就会提高，就会愿意主动学习，选择自己喜欢的课程，这样就能丰富学生的知识，提高教学的质量。最后，针对那些成绩良好并且满足毕业标准的学生，高校可以为他们争取一些社会实践的机会，比如和当地一些优秀的公司进行合作，给大学生提供好的实习资源和机会，使学生的工作能力在一定程度获得提高，不断进行经验积累。

总而言之，需要有效地对高校学生管理模式进行创新，注重因材施教。现在，社会发展要求高等教育进行转型，传统的管理模式已不能适应时代要求和社会发展趋势，暴露出很多的问题和不足。所以，高校需要重视管理模式的创新，提升学校的教学质量，培养优秀的人才，能够有效地结合学生的理论知识和实践能力，进行创新性探究。

第二节　互联网+背景下高校学生管理工作的问题与创新

如今互联网+模式已在各行各业中广泛渗透，掀起了"双创"的热潮，成为推动中国经济转型升级的新点位。在此背景下，高校作为社会人才培育和输出的重要前沿阵地，更应顺势而为，转变管理理念，将互联网+技术与学生管理工作有机结合，提高学生管理工作的效率和质量，迎接经济社会新时代对于"双创"人才培养提出的新挑战。伴随着互联网技术的应用和普及，面对大学生这类集活力和创造力于一身而又善变的群体，高校和学生管理工作在管理理念、管理制度以及管理模式等方面映射出诸多问题，如何促进学生管理工作的创新、优化和提升，高校管理者任重而道远。

一、互联网+背景下高校学生管理工作的问题

对高校而言，学生管理是最核心的工作之一。在新环境下，学生已然成为管理的主体，做好高校学生管理工作直接关系到校园秩序的稳定及良好学习氛围的营造。但随着互联网技术的渗入，高校学生管理工作的难度进一步加大，反映出的问题也日渐增多。[1]

---

[1] 王莹，田晓景.互联网+背景下高校学生管理工作的问题及创新[J].河北北方学院学报（社会科学版），2018，34（6）：102-104，114.

（一）学生管理工作理念的滞后

当前，高校借助众多数字化软硬件设施创新校园服务模式，学生管理工作向智能化与科学化的方向发展。高校管理者和学生都在重新定义自己的角色，系统化的教育改革促使学生管理工作逐渐脱离传统的管理模式。但是，由于长期受到传统观念和现行体制的束缚，学生管理仍以让学生服从管理和听从安排为主，造成管理与育人无法相结合的现象。

其一，学生地位未实质改变。虽然借助互联网通道实现了信息的快速上传下达，但学生仍旧处于"金字塔"的最低层级，学校是主动的教育者和管理者，学生是被动的受教育者和被管理者。而在新形势下，互联网加速了"金字塔"结构向扁平化演变，管理权限逐渐下移，每一个学生都拥有对互联网媒体的自主使用权，这不仅使他们成为信息的消费者，更成为信息提供者和各类信息平台使用的主力军。

其二，学生管理工作缺乏服务与育人意识。互联网技术的应用虽然提升了教师与学生的沟通效率，但是学生工作仍以事务性工作为主，学生的实际诉求并未得到有效响应，这导致学生的抵触心理较强。随着互联网技术与教育管理的深度融合，高校更像是一个市场，学生作为市场的"投资者"与"消费者"，对市场能否提供多元化和个性化的服务提出了鲜明的时代要求。

（二）网络管理制度的保障性缺失

随着网络信息化的高速发展，学生已经发展成为最大的网民群体。网络空间虽是虚拟世界，但同样需要遵守秩序。高校学生现阶段对于铺天盖地的网络信息还缺乏独立的判断及鉴别能力。因此，规范和正确引导学生的网络行为，高校作为管理者责无旁贷。目前，高校相关的网络管理制度保障性缺失，主要具体表现在以下三个方面：

其一，引导制度缺失。事前对学生网络舆情的引导预防远远优于事后的管控，但高校缺乏对网络舆论场所生成、影响因子以及引导方式的深入认识，目前还多沿用传统舆情管理制度来应对管理网络舆情，制度设计中"严禁"及"禁止"等刚性管理制度已无法适应新媒体环境下网络舆情发展的态势。

其二，技术监管制度部分缺位。目前，高校技术监管机制更多的是保障信息化基础设施和业务系统的日常平稳运行与服务，而较少从制度层面对网络信息源头和信息内容等进行规范与细化，这使得网络技术管理人员在进行负面网络信息追踪和阻断时无章可循，力不从心。[①]

其三，网络安全人才培养制度不健全。面对瞬息万变的网络世界，能够把控网络安全的复合型人才缺失，究其根源，是网络安全人才培养制度的不健全。网络安全管理队伍中专职人员少，而兼职人员投入网络安全管理工作的精力少之又少，加之管理专业性不足，而相关的管理体制和人事制度也很难吸引高水平的网络安全技术人员，这使得高校很多网络管理工作难以落实。

（三）未能充分利用网络管理工具的功能

随着互联网技术在高校信息化建设的普及，不同类型的资源信息系统在创新学生管理模式的同时，也折射出相关网络管理工具功能开发利用不善等问题，主要表现在以下两个方面：

其一，"信息孤岛"现象普遍。高校涉及学生管理的网络信息系统间多相互独立，生成的学生信息数据流通不畅，系统因独立管理而产生大量冗余数据，且系统间无法进行数据关联，无法对数据进行科学分析来辅助管理与决策。

其二，工作重复，效率比较低。学生的管理工作涉及日常的考勤和表现、综合评定、评奖评优、困难帮扶及就业服务等内容，以河北北方学院为例，目前对学生的管理多依托社交软件如微信等互联网媒介，功能使用多局限于信息的上传下达、学生数据的人工汇总以及意见的反馈。存在通知信息是否接收无法自动核实、学生信息无法有效沉淀、工作重复以及纸质申请审批低效等诸多问题。此外，诸如评奖评优、困难帮扶和考勤监控等工作，由于对学生的日常表现、消费流水和外出情况等缺少有效的数据监控和预警，因此决策时缺乏透明度和公正性。

---

1. 胡玉冰. 浅析互联网背景下高校学生管理问题的创新[J]. 神州，2019，（3）：105，107.

二、互联网+背景下高校学生管理工作的创新

学生教育、管理和服务是高校学生工作的基本内涵，管理工作的好坏直接影响学生教育与服务的质量。互联网技术在极大提升学生管理工作效率的同时，也激发管理工作的转型与创新。高校管理者要寻找互联网与学生管理工作的契合点，转变思维模式，从管理理念、管理机制和管理方式等方面创新工作思路。

（一）创新学生管理工作的理念

理念是行动的指南针，要想创新学生管理工作思路，理念创新是前提。在互联网+背景下，高校学生管理工作要树立以下几种理念：

首先，要树立法治与德育相结合的理念。界定高校与学生的法律关系，明确学生作为网络主体享有的自主选择权，正视学生诉求，维护学生法定权益。坚持以"立德树人"为导向，结合大学生身心发展规律，将互联网与传统思想政治工作相结合，用时尚且易接受的方式传播主流价值观。

其次，树立"以人为本"的工作理念。学校的一切发展都是为了师生需求，同样也离不开师生，学生管理工作要以满足学生的实际需求为出发点和落脚点，平等站位沟通，建立师生间的信任关系。管理人员要了解学生所思所想，切实为学生解决各类问题，把学生对管理工作的满意度作为衡量学生管理工作质量的重要标尺。

最后，树立全员参与服务的管理理念。学生作为高校工作的核心，学生意识逐渐被唤醒，说教式与灌输式的管理方式已不再适合新时代的要求。学生管理工作的重任不仅落在专任学生管理人员的身上，专任教师、用人单位、社会团体以及家庭成员等都有教育管理学生的职责。要加强全员互联网学习培训，熟悉互联网客户端，掌控学生动态，打造专业团队，做好学生管理与服务工作，并引导学生自我管理，提升管理质量与效率。

（二）健全学生管理工作的制度

制度是实现目标的保证，没有合理的制度，就难以保障目标的完成。高校的学生管理工作要加强制度创新，以制度规范管理，以制度保证质量。高校管理工作需制定以下两点制度：

第一，构建舆情引导分析机制。互联网时代，网络舆情一定程度体现了校园民意。大学生日趋成熟但易偏激，而网络行为更具隐蔽性和聚合性。一方面，要建立网络信息的收集与反馈机制，全方位吸引学生参与热点话题，加强对网络舆情的监测与引导，将事态发展控制在萌芽状态。另一方面，建立舆情危机的预警与应急处置机制，做好大学生网络用户的备案和登记工作，保证网络信息能够有效追查溯源。

第二，梳理健全网络信息安全管理制度。首先，高校应建立健全网络用户注册、信息审核和安全防护等管理制度。其次，要明确网络信息主体责任，网络信息发布者及管理者要承担相应责任，设置相应权限，确保网络信息安全管理有章可循。再次，完善网络安全人才培养引进制度。高校要积极与网络安全培训机构和网络企业进行对接，鼓励和吸引企业从事网络安全的技术人才来高校从事网络安全管理工作，或者通过外包合作的手段，将过去由学校承担的网络安全管理工作交给社会专业化机构来执行，从而提升管理效率与专业化水平。

（三）革新学生管理工作的模式

平台化是互联网时代高校学生管理模式的发展趋势，要依托互联网技术的支持，将大数据思想和网络管理模块的深度开发融合到学生的日常管理工作当中，消除信息壁垒，优化管理工作效率。

一是构建统一的学生管理平台。高校要做好顶层设计，从学校人才培养和管理的全局出发，统一规划，实现校园数据共享。该平台可以采集学生从报到、入学到毕业各个阶段的数据信息，内容涵盖学生上课及住宿考勤、课堂表现、评奖评优、勤工助学、受助学生日常消费监测、实习就业信息发布以及与家长互动等相关模块，且所有数据可以在教务处、学生处、招生就业办以及后勤等部门移动共享，依托大数据优势为学生做好服务和管理工作，规范工作流程，提升工作透明度。

二是扩展交流工具模块功能。新时代背景下，选择成熟的技术软件进行学生管理，可减少重复工作，有效提升管理效率。可以在日常交流软件中增加签到、无纸化事项审批、信息已读反馈和及时推动待办信息等功能模块，并且数据都可以从后台导入学生管理平台，实现精准化的学生管理。

综上所述，创新高校学生管理已经成为互联网时代发展的必然要求，不同的发展时期高校的学生管理工作会存在诸多问题，这是一项需要长期探索创新的系统性工程。针对问题创新举措，从理念和制度等方面做好顶层设计，全面提高学生管理工作的效率和效果，就可以更好地服务当代大学生。

参考文献

一、著作类

[1] 曾瑜，邱燕，王艳碧.高校学生管理工作法治化研究[M].成都：西南交通大学出版社，2016.

[2] 李正军.高校学生管理工作概论[M].保定：河北大学出版社，2002.

[3] 刘伦.高校学生管理制度创新探索[M].重庆：重庆大学出版社，2006.

[4] 孟宣廷.高等学校学生管理法治化研究[M].大连：大连理工大学出版社，2005.

[5] 王凤彬，李东.管理学[M].北京：中国人民大学出版社，2000.

二、期刊类

[1] 陈丹红.大数据时代高校学生工作创新探究[J].教育教学论坛，2018，（35）：13-14.

[2] 陈锦山.高校学生事务管理模式的建构——评《高校学生事务管理模式创新》[J].新闻与写作，2017，（6）：3.

[3] 陈少雄，宋欢."三大创新"推动高校学生思想政治教育工作化无形为有形[J].高教探索，2018，（8）：104-106.

[4] 董玲娟.新媒体视角下对大学生心理健康教育的创新——评《大学生心理健康教育（第4版）》[J].新闻爱好者，2018，（12）.

[5] 范晓，倪婷.大学生党员教育管理创新探索[J].才智，2018，（34）：37.

[6] 方雪梅，李杰.新媒体环境下高职院校核心价值观教育的路径选择[J].职业技术教育，2018，39（20）：58-61.

[7] 顾赟，林丹.高校网络舆情视域下的大学生思想政治教育[J].教育与职业，

2016,（15）：40-42.

[8] 郭军. 基于创新能力培养的教学管理改革研究 [J]. 湖北函授大学学报，2019，32（4）：3-4.

[9] 郭立场. 新形势下高校学生党支部建设存在的问题及对策探析 [J]. 中州学刊，2019，（3）：17-21.

[10] 韩雪青，高静毅. 大学生思想政治教育"主渠道""主阵地"协同育人探究 [J]. 学校党建与思想教育，2018，（3）：22-24.

[11] 胡玉冰. 浅析互联网背景下高校学生管理问题的创新 [J]. 神州，2019，（3）：105，107.

[12] 花树洋，程继明. 大数据时代高职院校学生教育管理的现状审视及发展对策 [J]. 教育与职业，2019，（3）：36-40.

[13] 蒋娟，程志波. "新时代"背景下高校学生管理工作创新研究 [J]. 中国成人教育，2017，（2）：39-41.

[14] 匡艳丽，郝其宏. 反思与构建：高校创客文化培育的实践路径 [J]. 黑龙江高教研究，2018，（9）：67-70.

[15] 黎红友. 高校网络舆情传播机制与引导策略研究 [J]. 学校党建与思想教育，2018，（3）：57-59.

[16] 李国春，部宗娜. 高校学生管理模式创新探究 [J]. 才智，2019（11）：132.

[17] 李慧鹏，靳小三. 高校辅导员工作创新的路径探微 [J]. 求实，2013，（Z2）：30-31.

[18] 李勤，夏璐. 新时代下高校学生管理工作创新分析 [J]. 轻工科技，2018，34（11）：157-158.

[19] 逯妍妍. "互联网+"时代背景下学生管理工作创新分析 [J]. 山西青年，2018，（17）：182-183.

[20] 吕海燕. 大数据背景下大学生创新创业项目管理 [J]. 现代企业，2019，（3）：96-97.

[21] 牛亏环. 大学生学习过程评价的现状、问题及对策——基于全国16所本科高校的调研 [J]. 大学教育科学，2017，（6）：42-49.

[22] 潘成清, 谭明贤. 基于OBE理念的高校学生教育管理创新路径探究[J]. 学校党建与思想教育, 2018, (21): 85-87.

[23] 史明艳. 高校学生思想政治工作传媒化问题研究[J]. 黑龙江高教研究, 2018, (5): 104-106.

[24] 孙天舒. 我国高校学生事务管理研究[J]. 现代经济信息, 2018, (31): 355, 357.

[25] 王斌, 杜映锦, 张兴博. 高校安全生产工作管理体系的构建与实践[J]. 实验室研究与探索, 2018, (6): 302-306.

[26] 王仓, 孟楠. 思想政治教育的跨学科创新研究[J]. 广西社会科学, 2019, (4): 184-188.

[27] 王芳. 大数据背景下高校学生管理工作实践模式创新研究[J]. 中国成人教育, 2018, (13): 48-51.

[28] 王红. "互联网+"时代大学生社会主义核心价值观培育路径[J]. 华南师范大学学报（社会科学版）, 2018, (3): 121-125.

[29] 王莹, 田晓景. 互联网+背景下高校学生管理工作的问题及创新[J]. 河北北方学院学报（社会科学版）, 2018, 34(6): 102-104, 114.

[30] 邬小撑, 许怡, 陈南菲. 高校班集体的模式构建研究[J]. 学校党建与思想教育, 2019, (5): 47-49.

[31] 肖春梅, 郎耀秀, 莫燚. 转型发展背景下地方高校"连贯型"基础教育数学师资人才培养模式的探索[J]. 内蒙古师范大学学报（教育科学版）, 2017, 30(9): 80-84.

[32] 杨红亮. "互联网+"视阈下高校学生管理工作创新路径分析[J]. 环球市场, 2018, (24): 272.

[33] 杨华. 高校辅导员管理效能与工作创新研究[J]. 文存阅刊, 2019, (4): 31.

[34] 杨旸. 网络环境下的大学生价值观探讨——评《互联网效应及大学生的价值取向研究》[J]. 新闻与写作, 2018, (4): 1.

[35] 姚敦泽. 新媒体视角下高校辅导员职业认同机制的构建与创新研究——评《高

校辅导员职业化研究》[J]. 新闻爱好者, 2018, (5): 16.

[36] 野苏民. 高校学生管理工作的信息化建设探究[J]. 现代营销（经营版）, 2019 (05): 222.

[37] 于冰筠, 杨金娥, 李莲. 研究型实验室管理工作的探索与实践[J]. 实验室研究与探索, 2015, 34 (5): 234–237.

[38] 张蓓, 盘思桃, 吴宝姝. 基于ERG理论的研究生科研创新能力激励因素研究[J]. 高等农业教育, 2019, (1): 113–119.

[39] 张继延, 焦洁庆. 高校学生公寓大学生自我管理之我见[J]. 学校党建与思想教育（高教版）, 2014, (9): 74–75.

[40] 张帅, 凌飞, 杨波涛. 新媒体时代大学生思想政治教育研究[J]. 产业与科技论坛, 2018, 17 (17): 170–171.

[41] 周敏. 大学生社交网络行为特点及教育对策[J]. 学校党建与思想教育, 2017, (24): 53–55.

[42] 朱晓琳. 多维发力：高校思想政治理论课学生考核评价体系创新研究——以华北科技学院为例[J]. 学校党建与思想教育, 2018, (16): 28–30.

[43] 庄丽. 最佳人力资源管理模式在高校组织绩效评价中的应用[J]. 黑龙江高教研究, 2019, (4): 47–51.